THE COLLECTION OF HEBEI ANCIENT CERAMICS IN DA SHENG TANG

大晟堂藏
河北古陶瓷精品集

李小晟　著

故　宫　出　版　社
The Forbidden City Publishing House

大晟堂古陶博物馆内景

大晟堂古陶博物馆简介

大晟堂古陶博物馆位于河北省省会石家庄市中山东路花卉园中。花卉园毗邻民心河，山湖相绕，曲径通幽，草木青青，百花争艳，锦鳞群游，奇石偶现；又晨曲暮艺，乐声如缕；画廊比邻，观者不绝。大晟堂坐落其中，古乐声声，高朋如织，实是文人高士赏古雅聚的欢境佳地。

大晟堂现有古今艺术品近2000件，其中尤以河北古代陶瓷器见长，涵盖了战国至宋金时期的陶瓷器。常设展出约400余件，种类丰富，有陶、瓷、青铜、玉、玛瑙、琉璃、雕塑等，分八个展区，以燕赵雄风、古都遗韵、隋唐感悟、盛世三彩、名瓷故里、宋人丹青、石雕时光、精品荟萃命之。

“大晟”系战国时期宋国之名乐，流传千年，唐人曾有“大晟钟”、“大晟琴”记之。今以“大晟堂”命名，意在观古人之作，思古人之情，忆我先祖之艰辛与辉煌，心犹有“大晟”古曲萦绕不绝。

大晟堂主简介

李小晟，字微晞，号大晟堂主、艺韵斋主，1964年生。毕业于华北电力大学，现任石家庄市收藏协会会长，保定财贸专科学校客座教授。受祖父影响，自幼喜爱古典文学、书法等，对传统文化情有独钟。在保定生活多年，创办企业，与古城文化名流、收藏大家结莫逆之交，鉴赏水平日渐提高，以收藏河北陶瓷器和近现代书画为主，其他如玉器、青铜器、善本、石雕、古代家具等也有涉猎。崇尚传统，自认为所收藏品非为己有，乃为民族代管，故建馆以修身养性、品藏会友，喜见“众乐乐”，又以研究和收藏河北古陶为己之天命。

序一　陶红瓷白中的燕赵风情

—— 记李小晟古陶瓷珍藏

太行山东麓、燕山南北和华北大平原，为燕赵之地。是中华文明的重要发祥地，古称冀州，现为河北省，省会在石家庄。

2010 年 6 月，雅昌网的古陶友，八方相聚石家庄，研讨古陶收藏，会址在花卉园中的大晟堂古陶博物馆。如花卉园名，馆在花团锦簇中，如脂粉堆中的燕赵壮士，别是一番风貌。馆长李小晟从体貌上讲也可称燕赵壮士，但不佩剑，粗大的手腕上戴着香木制成的珠链。他有弥勒佛的脸型，但脸庞两边和脑后披着长发。他还以弥勒佛式的特有笑容，将我们迎进了古陶博物馆。馆内原设八个展区，有藏品近两千件，为了展出古陶研讨会陶友的藏品，他撤下了一部分藏品。即使如此，大晟堂古陶博物馆的藏品仍是济济一堂，珍奇迭现，令人耳目一新。当时只是匆匆地浏览了古陶馆的展品，此馆展示了战国、汉、北朝、唐等九个时代的陶俑群体，其中给我印象最深的是两大组陶器，一组是战国的陶俑和陶器，另一组是北朝的仪仗队陶俑。各种陶俑展示了不同时代的古陶“众生相”，燕赵的人文历史凝聚在古陶造型中，使人感到穿越千年的怆然。

时隔两年，李小晟写成《大晟堂藏河北古陶瓷精品集》一书，邀我作序，带来了书中精选的 260 余件陶瓷藏品的彩色照片，并附有照片的说明。我逐一看完了全部照片和书中文字，对大晟堂收藏的河北古陶瓷有了完整和清晰的认识。其中，最重要的是战国时代的陶俑和陶器。中国特有的“俑”艺术，始自商代晚期，至战国时期，南方的楚国以木俑为主，而北方的韩、齐等国是以陶俑为主。迄今所知以山东临淄赵家徐姚战国墓出土的陶俑最多，共有人物俑 33 件，以站立的侍人俑为多，高为 5.8 厘米至 8.4 厘米，彩绘以点纹和彩带纹为特色。此外，山西长治分水岭战国 14 号墓中，出土陶俑 18 件，高 4.6 厘米至 5.1 厘米。北方陶俑进入了发展期。

《大晟堂藏河北古陶瓷精品集》书中，收录了战国时期的人物俑 14 件，大部分高度在 24.3 厘米至 38.3 厘米之间，陶俑的体量明显增大。据大晟堂主认为内中的侍立俑和骑马俑出土的地点在平山、灵寿一带，属于战国中山国的领地。又据人物俑发式服饰的特点，认为这类陶俑是中山国墓中的遗物。中山国位于燕赵之间，为白狄鲜虞族建立的国家。在文化上受到北方游牧民族文化和中原农业民族文化双重影响。大晟堂的战国侍女俑，身着长裙，头和身子微前倾，双手垂于腹前，姿态谦恭。与楚国木俑的平板体态相比，显得儒雅，这或与中山国君崇扬儒学有关。中山国陶俑中，最引人注目的是骑马俑。这是迄今所知中国最早的骑马俑。以往认为胡服骑射始于赵国，从此开创了中国骑兵的军种。可是中山国陶俑中出现了骑马俑，当然是耐人寻味的问题。关于这一问题，我们从赵武灵王推行胡服骑射的原因中找到了线索。据《史记·赵世家》记载，赵国曾被胡地的中山国战败于鄗，被视作丑事。武灵王认为只有推行胡服骑射才可征服中山国，他说："世有顺我者，胡服之功未可知也。虽驱世以笑我，胡地中山吾必有之。"他又重申："今骑射之备，近可以便上党之形，而远可以报中山之怨。……恶变服之名以忘鄗事之丑，非寡人之所望也。"可见，赵武灵王实行胡服骑射是为了战胜胡地的中山国。反过来讲，中山国是个小国，能够战胜兵力强盛的赵国，应是胡服骑射之功。中山国骑马俑的形态有别于秦始皇陵兵马俑，更有别于徐州狮子山楚王陵西汉兵马俑。中山国的骑士俑的头、上肢和身子是陶质的，但没下肢，身下左右各有孔，下肢应是木制的，而现已朽烂，这种俑的制法是较原始的。骑士的乘马无马鞍，反映出古代中国骑兵刚起始时的马具不完备的状况。骑乘陶马的形制矮小，马头方而大，颈粗短，身子浑圆，腿短，具有蒙古马的特征。中山国骑马俑展现了中国早期骑兵的形貌姿态。

书中战国时期的陶制品，在表面上多施以彩绘，其中不乏彩绘陶的精品。彩绘陶的器型里，鼎是周礼中用于祭祀的重器，彩绘太阳纹天鹅纹灰陶鼎有着鲜明的地域特色。还有一件战国时期的彩绘灰陶天鹅，作展翅状，也是具有地域特色的艺术精品。天鹅是北方游牧民族钟爱的水禽，辽东陵的《春水》壁画中就画着泅游的天鹅。从大晟堂收藏的这类彩绘陶中，可以看出儒家文化和游牧文化的交汇。彩绘陶中的四牛拉车，也是最早的牛车结合这一立体形象的资料。具有特色的是饰着形形色色的水禽雕塑的彩绘陶尊，还有各种圆雕，欲飞的水禽，散射出勃发的生气和活力。战国中山国的墓中还出土了特殊的磨光划花黑陶器，具有墨玉般的高贵气质和精致典雅的纹饰。

大晟堂收藏的汉代陶器和陶俑也大多施满彩绘，但地域性的特色已不明显，这与汉朝建立了大一统的帝国有关。值得注意的是，陶俑中的胡人形象，如绿釉灰陶胡人抱子薰炉，一大一小穿着窄袖短衣和高靴的胡人，可以看出河北地区一直是多民族聚居之地，不绝地从燕山之北送来草原之风。

数以百计的东魏和北齐陶俑组成了声势浩大的陶俑群，在大晟堂古陶博物馆中焕发着浓重豪迈的风采。东魏和北齐建都在河北南部的邺城，邺城一带成为我国北方东部的政治、文化中心。东魏和北齐的鲜卑族统治者，开放地吸收着波斯文化和佛教文化，大晟堂的东魏和北齐陶俑群折射出多元文化的面貌：有头戴风帽身披风衣的鲜卑贵族、头戴兜鍪手摁长盾的鲜卑武士、穿两裆甲负箭箙的武士、着铠甲跨甲马的骑士、戴冠着宽衣穿袴的文吏、穿束胸长裙的贵族妇女、翘腿坐于凳上的妇人、身穿罩衫和褶裙的半跪侍女和着圆领窄袖袍的波斯人等。这些栩栩如生的俑人，特色鲜明地表现了当时河北各族人民多姿多彩的生活风貌。

河北中南部是白瓷的发祥地，并且在这一地区展示了从白陶发展为白瓷的过程。从大晟堂收藏的北朝陶瓷来看，开始先以白陶作俑，在北朝陶俑中有用白陶烧制的胡人俑，又有以白陶烧制的佛像。还有胎白釉青的莲花尊，我们认为已是介于陶瓷间的产品。大晟堂的隋唐陶俑和陶器大多用白陶制成，唐代的邢窑三彩陶器，胎质粉白细腻，以稀薄的绿釉为特色。大晟堂收藏了一批邢窑三彩器的精品，这些邢窑三彩器都是生活用器，三彩胡人荷叶莲盏尤其是不可多得的精品。千年邢窑编辑委员会编写的《千年邢窑》一书，书中收录的三彩器也都是生活用器，西安、洛阳地区以烧制三彩俑人为特色，而邢窑三彩主要烧制生活用器。我年初在新加坡观摩了唐沉船的出土文物，内有以绿色为主的三彩釉瓷器，釉色稀薄，应是邢窑生产的用于外销海外的生活用器。还有一件绿、黄、白三彩龙纹瓷盘，在底部刻有“进奉”二字，应是邢窑向上进奉的生活用器。综上所述，邢窑三彩是以生产生活用器为主的，这可纠正唐代三彩器只是用于墓中明器的成见，为我们思考彩釉瓷的起源和发展提供了新的思路。

年复一年，花卉园花开花谢，观众你来我往，而大晟堂古陶馆永远驻留了燕赵风情。李小晟为大晟堂主，堂号可能寓有日积小成而致大成之意。收藏家的人生价值是由收藏品的价值来体现的，收藏品的品位也显示着收藏家的品位，李小晟集大成而盛于大晟堂，并编写《大晟堂藏河北古陶瓷精品集》，将河北古陶瓷之美彰显于天下，这是成功人的成美之事也。故此，特为成人之美作序。

张朋川
苏州大学艺术学院教授、博士生导师
二〇一二年时值白露节气于姑苏大吉斋

序二

陶器是以黏土为原料，经成形、干燥、焙烧而成的质地较粗且不透明的制品。我国陶器产生的年代距今一万年左右，约当新石器时代早期。

陶器的发明，乞灵于人们对日常生活的观察，可能是草编类的物品涂泥后被烧变硬，或黏土被烧变成硬块后具有不怕水的性能，引发了先民们的思考。他们就利用黏土掺水后所具有的黏性和可塑性这一基本特性，捏成简单的器物形状，如碗、钵、罐等，加火焙烧遂成陶器。

陶器是先民们改造自然的一项伟大发明，是人类历史上最早通过火的作用使一种自然物质按照自己的意愿创造出来的另一种质态崭新的物质文明。从柔软的泥土变成坚硬的陶器，表现了人类控制与改变自我状态能力的加强和扩大。陶器的使用，对人类文明作出了卓越贡献，是我国灿烂文化的重要组成部分，也是人类物质史上一个重要的研究对象，是人类文明史上的重要成果之一。站在人类学的立场，陶器在世界诸多文明中，均有其各自独立创造和发展的轨迹。对先民们来说，陶器的出现有早有晚，是因其所处的地区和自然环境的不同而各有差异。

陶器产生后，很快成为人们生活中不可或缺的用具，进而扩大到工具领域，促进了生产力的进一步发展，保证了人类定居生活的不断稳定。成为新石器时代的突出特征，开辟了人类生活史上的新纪元。

河北徐水南庄遗址中距今一万年左右的陶片的发现，揭开了黄河流域新石器文化探索的序幕。南庄头遗址出土的陶器残片，陶胎中夹杂着大小不等的砂粒，烧成温度在600℃至700℃。我国地域广大，各地黏土多种多样，又都是就地取土，其化学组成和显微结构也呈现出差异性。这也说明，早期陶器所用原料的随意性和原始性。早期陶器多是模仿日常习见器物，种类少，器形不大，制作不太规整，器壁薄厚不均匀，一般较厚，质地疏松，表皮易脱落，多采用手工制作，器表多素面和简单的绳纹、叶脉纹等。在稍后遗址中出土的陶器有了明显的发展，新出现了少量泥质灰陶，有的则以泥质红陶为主，陶器的纹样也较前有所增加，主要有绳纹、划纹、编织纹、附加堆纹、指甲纹、乳钉纹、“之”字纹、篦点纹等。随着人们实践经验的积累，不同地域的陶器逐渐发展成各具特色的器物类型。

到了新石器时代中期（约公元前5000年～前3000年），我国不同地区的文化都获得了巨大发展，从而形成了各具特征的考古学文化，如黄河流域的仰韶文化，出现了以黑、红二色为基调的彩陶，其纹样表现的也多是人类早期生活中最基本的生活愿望和需求，如鱼纹、鸟纹、人面鱼纹、水纹等，表现手法十分古朴和稚雅，这是人类早期生活中最具代表性和最具特色的一种文化创作和具有非常趣味的文化现象。它是人类在生活和生产实践中，对某些现象的感悟和思维所产生的伟大艺术之原始萌动，是人类对万物有灵观念的物化，渗透着对自然界神灵的敬畏和对某些自然力量的不解和恐惧，并由此演绎出了原始的神话、宗教和巫术。

到新石器时代晚期（约公元前3000年～前2000年）陶器的制作已达到顶峰。黄河中下游地区龙山文化的磨光黑陶、蛋壳黑陶和长江中下游屈家岭文化的晕染彩陶最具特色。

夏商时期陶器品种较前增多，烧制温度和质量也有较大提高，器表装饰开始出现动物形象和几何图案，除烧一般灰陶和白陶外，还创制出最早的原始瓷器。在商代后期还出现了印纹陶和原始青釉瓷器。不仅生产人们日常用的生活用具，还专门烧制陪葬用的灰陶明器。

西周时期制陶手工业有了新的发展。陶器不仅成为各地奴隶主贵族们在日常生活中广泛使用的用具品种之一，并开始生产建筑用人造材料，诸如建筑房顶用的板瓦、筒瓦、瓦当和陶水管等陶器构件，这是我国制陶手工业史上的又一新进展，它掀开了我国建筑史上屋顶覆瓦的新纪元。

春秋时期除墓葬明器外，真正用于日常生活的陶器也不超过十余种。到战国时期，丧葬制度发生了变化，自战国早、中期起，一些诸侯王和大贵族墓逐渐兴起用陶礼器代替青铜礼器随葬，陶礼器的制造得到了迅速发展。仿铜器器形的鼎、豆、壶、盘、匜、簋、甗、盉等成套成组生产，磨光、暗花、线刻、彩绘等装饰手段悄然兴起，把陶器制作工艺推进到一个新的高度。随着诸侯国的争霸自强，美宫室、高台榭营建热潮席卷各国，建筑中所使用的砖、瓦和装饰构件都达到了较高的水平。建筑用陶种类齐全，装饰内容丰富，纹样宏丽是其最大的特点，开创了此后宫殿建筑屋顶装饰艺术的先声。

西汉至唐代陶器仍然流行使用。彩绘陶器（亦称“烧后彩绘陶”）在西汉时期仍然流行。东汉时期由于豪强地主庄园经济的发展和厚葬文化的风靡于世，墓葬中随葬守望性质的陶楼颇为盛行。西汉中期开始出现釉陶，东汉时大为流行。商代出现的原始瓷器，到东汉时期烧成真正的青釉瓷和黑釉瓷器。三国时始创釉下彩绘瓷，北齐时出现白瓷，唐代初期出现的唐三彩到盛唐时广为流行。辽代继承了唐三彩的工艺，其产品称为“辽三彩”。唐代青瓷已日臻成熟，白瓷以邢窑最为著名，还出现了绞胎瓷、黄釉瓷、花釉瓷和青花瓷。宋以前瓷器多重视使用功能，元及其以后，使用功能渐失，多注重精美的外表装饰和大型器物。

李小晟先生是我省古陶瓷爱好者，著名收藏家和颇具造诣的鉴赏家。他对河北古陶瓷的收藏，选择在战国至金代的近两千年的范围内，显然是经过深思远虑的抉择。众所周知，战国时期河北有著名的诸侯国燕、赵和中山，它们代表着三个不同的文化系统并创造了各自风格的丰富的物质文化。具有大汉雄风和盛唐风韵的物质文化已有大量发现，而魏晋北朝时期，则有著名的都城——邺城，成为这一时期北方的政治、经济、文化和军事的中心，不但继承了汉代物质文化的成就，还创造了这一时期颇具地域特点的物质文化，成为隋唐文化发展的重要前序。唐宋时期，由于社会经济的发展与繁荣，不但有全国著名的邢窑和定窑，也因其精美的瓷器产品而使中国名扬于外。辽金时期，河北处于战乱不已、民不聊生、经济衰落的社会动荡时期，而物质文化恰恰反映了这一历史事实。因此，选择收藏这一范围内的古陶瓷，为研究这一领域的物质文化提供了宝贵的资料，同时也为现代的设计理念、造型艺术、装饰艺术、文化内涵和审美情趣等，提供了可资凭借的资源。

在广收博采的基础上，李小晟先生选择兼具历史性、科学性和艺术价值的精品辑结为《大晟堂藏河北古陶瓷精品集》予以出版，实为收藏界和研究者的一件幸事。我有幸先睹其大作书稿，匆忙中虽未及细读，但已是印象颇深，感动不已。书中既有实用器和随葬明器，亦有建筑材料和佛教造像；既有陶器和彩绘陶器，亦有磨光黑陶和瓷器；既有圆雕、模制器物，也有带榫卯的组装器物。战国时期的陶器则以彩绘陶器最多，大都色彩艳丽、造型新颖。带有榫卯的组装器物亦有多件，成为这一时期具有地域特色的典型器物。在榫卯结构组成的陶器中，尤以彩绘灰陶天鹅为最佳，那弯曲上扬的鹅颈，长喙鸣天的鹅首，舒展优美的长尾，振翅欲飞的双翼，虽双足踏地，却给人以展翅欲飞的神韵，其赋色以红、黄、白三彩装饰全身，以朱砂涂喙，神形兼备，堪称绝世佳品。磨光黑陶，过去只见于中山国国王之墓中，此书所录的亦当为中山国贵族墓葬之物，造型典雅，纹饰精美。以磨光黑陶为随葬品，以前在河南辉县固围村战国墓葬中虽有发现，但在河北这种习俗却影响深远，一直延续到西汉中山怀王刘修的墓葬中。书中所收中山国彩绘陶俑却为首次著录，它以圆雕的制作方法整体雕塑人物，形象生动，色彩艳丽，质感强烈，楚楚动人，为研究中山国的服饰制度和官制等提供了宝贵资料。书中所收中山国彩绘陶马，亦采用榫卯结构组装而成，马头高扬，张口竖目，后腿弯曲，呈待行状，造型准确生动，但从总体神韵来看，显然受到了赵文化的影响。

书中所收的汉代器物中，有灰陶、红陶、也有彩绘陶和釉陶，其中亦不乏精品。如灰陶百枝灯，以伸臂祈祷的人物、仰首啸叫的鹿、狐、虎、狼、豹及飞龙在天、双鸟双兽等形象为主，造型奇特，构思巧妙，深刻表现了汉代羽化升天的道教思想。汉代的彩绘器物及陶俑造型生动，着色鲜艳。在釉陶中，以绿釉灰陶胡人抱子立凤熏炉颇具特色，底座为一头戴尖形毡帽，右手怀抱幼童，左手擎竹节高柄豆形熏炉的胡人形象，熏炉盖上有三角形孔，盖顶置一敞口、折沿、浅腹圆盘，盘沿上立有三只小熊，盘中置一短柄豆形熏炉，盖上饰有三只小鸟和三个圆形孔，盖顶部正中立有一凤。此熏炉下置大型三角形孔熏炉，中置熏盘，上置小型圆孔熏炉，可能是因放置不同的香料而设计的。此炉不仅可证蔡质《汉官仪》中“女侍史絜被服，执香炉烧燻”和《汉书·龚胜传》中“熏以香自烧”两项记载，所记之不误，而且熏炉造型别致，工艺精美，文化含义丰富，既反映了汉代手工艺制造的高超技艺，也反映了当时社会文化和审美观念的多元水准，故此品亦堪称收藏中的精品。

在魏、晋、北朝时期的藏品中，晋、东魏和北齐的器物种类有陶器、彩绘器和青瓷器，虽多为常见之作，但完整的白陶佛像、红陶观音像和青釉仰覆莲花尊，均为难得之佳品。

在隋代器物中，刻有隋“开皇二十年”年款和“天公人五”博弈图的灰陶砚、彩绘双人面蛇身陶俑为难见之品。带有“食库”刻款、圆形歇山顶盖，与肩部装饰的庑殿顶下部相合，组成重檐歇山顶的青瓷仓罐，造型奇特，立意新颖，亦实属珍品。

在著录的唐代器物中，既有仪仗俑、侍仆俑、生活俑，造型各异的镇墓兽，也有反映社会生活的牛车、马、驼、碓、灶、沥酒器等陶器和三彩器。尤以邢窑三彩器最精，器形有瓶、尊、盘、执壶、杯、盏、三足盘、熨斗、茶炉、熏台等，釉色莹润明亮，釉彩自然流淌，相互浸润，诸彩相映，光彩夺目。其中以胡人抚琴莲花熏台为精品中的极品。它造型奇特，构思巧妙，底部为圈足形底座，上置花口平底碗，碗内置花口钵，钵中置莲茎，茎端有莲蓬一朵，头戴风帽，侧头仰视，闭目高鼻，张口露齿，络腮胡须，左腿盘坐在莲蓬上，右腿拱起，足踏于莲蓬上的胡人两手抚琴，呈弹唱状。整体造型既反映了中原文化的造型特征，又融入了佛教文化的元素，还包容了西域文化中音乐和曲艺的风采，表现了大唐文化缤纷灿烂、博纳共存、深宏博大的气度。值得一提的是，在唐代藏品中，还收录了许多杯、盘、执壶、沥酒器、碓、灶，甚至有熨斗、茶炉等日常用品，正是这些看似平常的生活用具，把我们带回了那不可重复、不可替代的历史图景中，那些被遗忘的智慧先民们的平凡生活，揭示的却是历史的重要内容。通过艺术的面貌，我们感受到的是流动的历史脉络。

五代器物著录虽少，但彩绘高浮雕墓砖却多达 10 块，既有高浮雕侍女砖，也有彩绘高浮雕二十四孝故事砖。二十四孝故事砖始见于五代墓葬中，反映了那个战乱时代人们对社会的无奈和期待和平生活的心理诉求。

在宋代器物中，以墓葬壁画砖为大宗。壁画内容丰富，既有侍女、人物、和尚、人物牵马图、妇女夹菜图，也有羊、猪、龟、龙等动物图案，它们造型准确、简洁清雅、蕴含着许多足以引发审美之外的感情联想的文化因素，反映了宋代意识形态和多元文化的缤纷气象。定瓷始于唐，至宋代成为著名瓷窑之一，除烧制白瓷外，还兼烧黑、酱、绿釉瓷器，器皿装饰以印花、刻花、划花为主，北宋后期曾一度烧制供宫廷使用的瓷器，称之为“官窑”。定瓷完整器多出于墓葬和考古发掘中，能获完整器不易。著录中将定窑烧制白瓷、黑釉、酱釉、绿釉器残片收集齐全，并有品相完好的酱釉盖碗更属不易。井陉窑是近年新发现的民窑窑口，也以烧制白瓷为主，起初并不被人所重视，所获完整器较易。著录中的井陉窑白瓷有高足盘、托盏、碗（内置勺、筷）、长颈瓶、执壶、粉盒，多为品相上佳的完整器物。井陉窑白瓷瓷胎呈灰白色，不如定窑白瓷瓷胎白润、细腻。

金代定窑开始衰落，著录中的定窑酱釉刻花大碗，仿建窑黑釉油滴碗，仿钧窑盘等，品相较好，亦为难得之品。金代彩绘壁画砖，多生活场景，如人物、礼拜、窗棂、缠枝花等，也有刻划有熨斗、剪刀的刻划砖。这些都反映了收藏家对当时社会生活中平民生活的关注与思考，是颇具史才的毅然选择。

陶瓷器及其艺术，是先民们在当时的生活实践中认识自然、改造自然的工具，是他们利用自然、改造自然的物证，也是他们在当时的环境中所创造、使用的物质媒介，他们以现实为基础，把平实和朴雅共体，现实和理想共陈，直接表现出平民的生活观念和审美情趣。他们所遗留给我们的绝不是一个盒、一个碗或一组礼器，而是凝固着往古岁月生活信息的文化活体。因此，以虔诚缜密的心思，敬畏而笃诚的努力，不遗余力地去搜集、寻访已然湮没的古代陶瓷，是多么艰辛而又泽被后人的壮举。把它们小心翼翼地辨析疏通，“列图史以考玩，殚元思于今昔”（明·何景明《待曙楼赋》），辑结成书，使读者观物会理，在图像的解构和释义中，坦诚真实地与古陶瓷艺术作一次真诚的“对话”，通过对古陶瓷珍品的赏读和领悟，寻绎出隐含于图像背后丰富的文化意蕴，捕捉那瞬间流动却震撼心灵的伟大生命的光彩。由对图像形态的研究，达到对图像意义的阐发，把陶瓷艺术的真谛和价值贡献于史，是中华学人的历史使命和伟大责任。

李小晟先生就是兼具了这种壮举和使命的中华学人。现在他又把秉承于燕赵大地的古陶瓷精品264件（组）辑结成书，推出力作《大晟堂藏河北古陶瓷精品集》，贡献于世，堪称“传古今之不灭”，令人钦敬。

收集的古陶瓷种类繁多，品相好，纹饰丰富多彩，是该书的突出特点。书中对每件器物都作了精深的研究和文化释读。因此，对器形描述准确，对纹饰阐述精致，是该书的又一大特色。尊重历史，兼具史德，对学术的虔诚和对物质文化的尊重，是该书不同凡响的特点。以科学的精神，求实的态度，尽可能地贴近历史真实，把握物质文化的内在关联，致力于收藏和研究的历史价值，是该书的又一特点。无私地将自己的收藏经验和体会，总结出辨别各时代陶瓷真伪的方法和要点，奉献于众，为收藏者提供了可资借鉴和有益的参考，是该书的又一大特色。

当贵书即将付梓之际，敬承惠托，因敬而操觚，以诚即为序，虽难尽述胸中之感动，聊表敬意和谢忱矣。

石永士
河北省文物研究所研究馆员
2012年9月12日

凡 例

一、本书为著者所创办的大晟堂古陶博物馆馆藏古陶瓷图集，收录战国至宋金时期河北古陶瓷计 264 件（组）。

二、书中选编的古陶瓷器绝大部分为著者所藏各个时期的精品，兼顾文物与艺术价值。

三、图集中的古陶瓷器按时代顺序编排，同一时代大体按照陶质、器形等条件编排。

目 录

战国、汉代时期河北古陶之真伪判别方法

战国、汉代时期河北古陶的真伪判断一般可分以下几个步骤。

一、望

第一，看神韵。战汉古陶雕塑强调神韵，不重具象。因此，观察器物的神韵至关重要。何谓神韵？神韵即物之气场，是表征特定时期时代风尚的精神气。比如燕赵文物，一定会表现出战国七雄的大国风采，小家碧玉式的物品绝非大国所有。如图例 22 的彩绘灰陶天鹅、图例 44 的燕下都饕餮纹瓦当等即为典型代表。相比而言，战国中山国的文物则相对具象一些，这从图例 25 的彩绘灰陶黑立马和图例 37 的吏俑中可以体悟。

汉代是一个蓬勃向上的时代，器物中都透露出一种乐观、豁达、勇于进取的时代特征。这从图例 63 的灰陶瑞兽和图例 74 的彩绘侍女俑中能够体会出来。

因此，缺乏战国、汉代时期神韵者，应引起高度重视，防止赝品出现。

第二，看包浆和土层。古陶由于长期埋藏在地下的原因，都会有霉斑、落土层、草根纹（草根碳化后的结晶体）、水渍等。霉斑自然，落土层有层次（造假者无土层，是实的），草根纹碳化后变黑或已和陶体粘成一体，水渍印比较均匀（造假者水渍混乱），这些都是必须观察的对象，有异常者需再三谨慎。

第三，看色彩。战国、汉代的河北古陶用彩有：1. 红彩：朱砂。2. 赭红彩：铁矿石。3. 黄彩：石黄。4. 紫彩：未查明材质。5. 绿彩：铜矿石。6. 白彩：大白粉。7. 黑彩：墨黑。8. 其他。可以看出，所有彩料均为天然矿物或植物原料，在放大镜中看，可以看出微小颗粒。造假者一般均使用化学颜料，颜色较天然颜料鲜艳。因此，一但发现化学颜料（广告色），即可判定颜色为假。

2010 年，元氏的古玩商张、郭二先生给我送来一对战国陶壶，说纹饰漂亮、色彩极好。此二人为人厚朴，信用极好，加上他们从事这行已有十几年，眼力不错，因此我很信任他们。待打开细看，我发现胎老无疑，但色彩却是广告色。我请他们在放大镜下细看，并拿出标准器对比。他们惊呼上当。平时他们不用放大镜验物，才有此结果。老胎新彩是古陶造假者最常用的手法，特别是眉眼、脸部等抢人眼目之处常常为之，价钱往往差出几倍，故不可大意。

看彩新老还有一个简捷方法。在不起眼处掰下几块土，若色彩成片随土掉下，且色彩已渗入土层，土层表面凹凸不平，说明年份已久，新作则无此现象。市场上购买古陶时，往往包有较厚的土层，此土层是搞清新老物的关键，卖家不会轻易除去该土层，因此，该方法对验证色彩十分简便有效。

第四，查看修补。古陶交易往往是带泥土交易，原因是生坑易辨新老，既使是入道不久的新手，也容易辨出生坑之物。因此，有些古玩商便在修补处抹上老泥土，以便转移视线，卖个好价钱。买家宜仔细观察，发现与老泥土不同的地方，应引起注意。一个简便办法是喷一些清水上去，老泥土变化不大，新补部分的痕迹可一览无余。

二、闻

老坑土由于离地面较深，有特殊的土香味，其味大致是白萝卜埋到土中生出萝卜须来，拔出来后闻到的味道。新土则因离地表较近，嗅上去跟灰尘味差不多。古陶在地下历经千百年，与土相混，老坑土味甚重。故在判断古陶新老时，须得喷些清水上去，马上就闻，老坑土味重可购，否则放弃。需要说明的是，古陶中的老坑土味散发较慢，一些古陶在出土后数年，喷上清水依然能闻得出来，新陶则不然。

三、听

第一，敲击听音法。古陶在地下千百年，胎质较疏松，轻轻敲击，其声是“噗、噗”的深沉音。而新陶则胎质硬，敲击声是“当、当”的脆音。

第二，喷水听音法。古陶胎质中的水分较少，喷上水后，水分被吸收得很快，能听见较长的吸水音，一般比新陶长一倍时间左右。

四、摸

古陶与土层长期接触的部分，应较其他部分疏松。摸和轻掰能感觉出来，新陶则较刚硬。

此四条都是辨别河北战国、汉代时期古陶真赝品的基本要素，在收藏中应灵活使用，只要有一条不符合要求，就应该存疑，需要加倍小心。当然，还有一些鉴别古陶的特殊方法，由于笔者担心写出后为造假者提供方便，就不多言了。毕竟，千百年来古玩收藏就是收藏者和造假者道魔互长的智力竞技，失败者就会失财，站在收藏者的角度，我不尽言，亦可理解。

战国中山国磨光压划黑陶之真伪判别方法

战国中山国创造的磨光压划黑陶是一种特殊工艺的陶器，其制造工艺在本书图文中会有介绍，此处不再赘言。仅就辨伪方法略述之。

第一，此种黑陶出土范围较小，大部分在战国中山国境内（南到今河北高邑县，北至满城县，东至景县一带）。器物较精美，燕赵其他地方鲜见。山西、陕西也有出土（估计与白狄从陕北迁移有关），但不甚精美。因此，收藏时应问清出处，非上述地区者应注意。

第二，应注意器型和配套。从战国中山王墓出土和我所见到的此种黑陶看，计有酒器（小壶、带盖大壶）、食器（鼎、豆、盘）、盥洗器（匜）、尊、灯台、鸟形器诸种。其他类型尚未见到。

一般配套的有：鼎两座、带盖大壶两件、带盖豆两件。匜、灯、盘、尊、小壶、鸟型器等则是随机的。

第三，真品表面光如黑漆面，纹饰是牛角划出的，纹饰边上剔除得很干净。手摸擦可见墨黑。由于该工艺失传已久，迄今为止尚未见到过赝品，但也不可大意。

汉绿釉器物之真伪判别方法

汉绿釉是汉代绿釉、黄釉、黄釉飘彩等的统称。黄釉飘彩是指黄釉上以赭红彩墨彩画花卉、动物等图案的品种，在汉绿釉中属上品，产于陕西宝鸡和延安等地，尤以宝鸡为佳。去年我去西安古玩市场，虽有当地藏友引导，仍难寻其踪迹。一个黄釉飘彩壶竟索要十万金，令人难以置信。

汉绿釉器的辨伪也应遵循前面《战国、汉代时期河北古陶之真伪判别方法》中谈到的四个基本标准。对有人物、动物之器，尤其应注重其神韵的观察。例如跑兽纹、狩猎纹等。古人一般用印模之法，以头模（即模子初印）为上品，次模则较差。若观兽腿无力、比例不协调、形象僵硬的，一般赝品的可能性较大。又如胡人抱子薰台，需看人物、动物（凤、熊）是否有神韵，若无，则应考虑为赝品，再结合下述特征最后断定。

汉绿釉釉面上有以下特征：

第一，釉面有裂纹（俗称冰裂纹或开片），在放大镜下斜面观察，其裂痕线应凸出，与放大镜下看手背纹（凹进）正好相反，且裂痕层层有序，如同海水退下后沙滩形状或飞机快降落时看到的田野形态。不符者应为赝品。

第二，釉中含铅，千百年后渗到表面，形成一层银白色的返铅包浆，阳光下转动时，可见到彩虹般的折射光（俗称蛤蜊光，与贝壳在阳光下照耀反射的一样）。此包浆用湿布可拭去，但一段时间后还可以渗出。另此包浆并不均匀，釉层厚的地方较厚。造假者常用银粉刷上充当返铅包浆，其厚薄均匀且无蛤蜊光，一看便知是赝品。

1. 彩绘灰陶太阳纹、鹅纹鼎

战国

通高 14.9 厘米　口径 16 厘米　耳径 21 厘米

泥质灰陶。有子口，可扣盖，双耳外侈，弧腹，圜底，三个蹄形足，扁圆形盖。盖上从内到外绘太阳纹，呈五角星放射，星角内以红白色点充盈；太阳纹外及近口沿处，各饰以黄、白、红三色组成的环带纹，两组环带纹中间，绘黄色云气纹和红蕊白瓣小花纹。腹部绘红喙黄身鹅若干。三足和双耳均有彩绘。盖残修复。

此鼎描述阳光普照，驱散云气，万物沐浴阳光之情景。反映出战国时期经过“百家争鸣”的熏陶，河北先民们已逐渐摆脱神宗之桎梏，转而关心起与自己生活相关的自然形态。此为中国古人思想大解放的物证。此件应为赵国之物。

2. 彩绘灰陶太阳纹鼎

战国
通高 19.2 厘米　口径 20.4 厘米

泥质灰陶。品相完整，直口。腹稍向内收，圜底，直耳，兽首圆柱形三足，有盖。盖顶用黄彩绘出三个环形纹，内填以赭红、白彩珍珠纹。盖中部用黄彩绘出折线纹，折线纹内亦填绘赭红、白彩珍珠纹，整体呈太阳纹。太阳纹下近口沿处饰黄、红彩环形纹。耳、足粗绘黄彩，腹间绘连体菱纹，内外填以白、赭红彩珍珠纹。色彩鲜艳如新。此件应为赵国之物。

3. 彩绘灰陶立鸟活耳鼎

战国

通高 20.1 厘米 耳径 19.1 厘米

泥质灰陶。子口，折腹，圜底，直耳，蹄形足，有盖。盖上有鸟形提手。此鼎周身绘太阳纹，三角内施以赭、黄、白三色珍珠纹相间隔。双耳横绘赭红带纹、竖绘黄彩直线纹。有二处奇特：其一，为活耳，为我所仅见；其二，盖顶立鸟形提手。鼎为王权的象征，鸟置其上，即于王权之上，且当时王者允许如此制作，说明当时鸟类是河北先民之图腾，非如此难以解释。此件与后述天鹅、四牛拉车同出一坑，亦为赵国之物。现藏于石家庄刘先生处，心喜，故录于此。

4. 彩绘灰陶动物纹卧鸟鼎

战国

通高 28.5 厘米 耳径 24.9 厘米

泥质灰陶。敞口，深腹，圜底，蹄形足。有盖，盖呈扁圆状，盖顶的提手为一卧鸟。此鼎奇在盖顶卧鸟，妙在绘纹，盖上鸟身之前绘有蜈蚣纹，极罕见。腹上绘虎纹，其余地方绘云纹。品相完整，中山国之物。

5. 彩绘灰陶豆

战国
高 25.1 厘米 口径 21.2 厘米

泥质灰陶。直口、折腹、圜底、矮柄圈足、扁圆形盖。盖正中有矮柄圆形提手，盖上用赭红彩、黄彩绘太阳纹。腹部用黄彩绘三周环带纹，上部环带纹和中间环带纹之间空隙较大，用拐折的黄彩组成三角纹，两两相间填以白彩珠纹和黄彩珠纹。中部环带纹和下部环带纹之间空隙较小，填以上下、左右对称的白彩四珠纹和黄彩四珠纹。足部绘弦纹和珠纹。出土时此豆为一对，另一只盖裂，已修复。赵国之物。

6. 彩绘灰陶龙纹、云纹壶

战国
高 43.5 厘米 腹径 23 厘米

泥质灰陶。敞口，长颈，弧腹，平底。以红、白、黄三色装饰，满纹饰，三色均为矿物质颜料。口沿下部绘云纹、小穗纹。肩上黄、红相间，空隙处绘龙纹，生动有力。腹部绘穗纹。整体繁缛别致，富丽堂皇。赵国之物。

黄龙

红龙

7. 彩绘灰陶龙纹壶

战国
高 22 厘米 腹径 13 厘米

泥质灰陶。敞口，长颈，圆肩，斜腹，平底。壶颈用黄、白、赭红彩绘连体波折纹，腹上绘整条龙，黄彩绘边，白、赭红彩点缀示龙鳞，空白处绘卷云纹。品相完整。

战国时期河北古陶上不乏龙纹，但整器绘一龙者仅此一例。硕大的龙头，靓丽的色彩，视觉冲击力极强。酒器，赵国之物。

8. 彩绘灰陶太阳纹壶

战国
通高 39 厘米 腹径 23 厘米

泥质灰陶。敞口，短颈，弧腹，平底。有盖，盖上用黄、白、红彩绘太阳纹。颈、肩、腹部及近底部饰黄、红色环带纹，颈肩环带纹空隙处绘黄底红心连珠纹，上腹部绘红、黄彩山字纹。腹下方绘折线三角纹，内饰珍珠纹。色彩丰富，构图变幻，富丽堂皇。此物品相完好，为战国中山国之物。

9. 彩绘灰陶云纹盘

战国
高 4.5 厘米 直径 24.2 厘米

泥质灰陶。敞口，折沿，平底。此盘系陶器仿漆器的代表作。盘口内用朱砂绘宽带纹，里边用朱砂绘卷云纹，色泽极其鲜亮，令人惊叹不已。赵国之物。

10. 彩绘灰陶太阳纹、鱼蛙纹盘

战国
高 5.5 厘米 直径 25.4 厘米

泥质灰陶。敞口，平沿，平底。此盘外饰两周红彩环带纹。环带纹内正中用朱砂绘太阳纹。光芒为七角形，墨色构边，内饰红彩，以示天。朱砂绘四鱼两蛙，生动灵现。此盘应为战国中山国之物。

11. 彩绘灰陶鸟形尊

战国
通高 19 厘米 长 30 厘米 腹径 18 厘米

泥质灰陶。鸟身呈扁圆状，长颈，圆首，张口，呈三角形。背部有口，扁圆形盖，有尾，三个蹄形足。以红、黄、白三色绘出眼、羽、翅等部分，蹄形足也饰有彩绘。河北这种鸟形器较多，可能与先民在该时期的信仰有关。从已出土的器物看，无论陶器、青铜器、玉器，鸟形器甚多。彼时鸟是人们心中的图腾，是可以推理出来的。当是赵国之物。

12. 彩绘灰陶高足鸟形尊

战国
高 20.1 厘米 长 41.8 厘米 宽 22 厘米

泥质灰陶。鸟形，有盖。长颈稍弯曲前伸，鸟首亦作前伸状，椭圆形身，短尾，圈足。饰凹弦纹盖。用彩考究，通体用赭红色，间或用细白彩，双翅以圆形斜条图案绘制，独特而丰满，极富想象力。尾部线条简捷，足部仅用黄彩弦纹修饰。品相完整。酒器，赵国之物。

13. 彩绘灰陶龟纹、鸟纹圈足兽首尊

战国
通高 20.5 厘米 腹径 15.2 厘米

泥质灰陶。直口，直腹，圜底，圈足，有盖。盖有裂，盖顶部饰太阳纹，太阳纹的空隙处饰赭红、白彩相间的珍珠纹。近盖沿处饰赭红环带纹和白彩环带纹各一周。腹一侧有兽首形流，兽首呈张口竖耳状，颈部白边红彩点缀，极有规律，至腹部白彩边分隔。在颈和腹部绘鸟、龟等动物纹饰，无拘无束，信手绘出，令人叫绝。

龟形在河北彩陶中很少见，一般龟形均以鸟或鹰形代替。例如，笔者藏有一块战国四神错金银青铜带钩，四神中青龙、白虎、朱雀均很明显，唯独玄武（龟）以鹰代替。估计与当时河北先民崇拜的鸟图腾有关（详见前“彩绘立鸟活耳灰陶鼎”中所述）。品相完整。应为赵国之物。

14. 彩绘灰陶穗纹高柄圈足尊

战国
高 18 厘米 腹径 12 厘米

泥质灰陶。直口，平唇，短颈，鼓腹，高柄，圈足，有盖，盖呈盘状。盖上红、黄彩相间绘穗纹，盖顶则全部绘红彩穗纹。肩、腹部用三道红色环带纹装饰，肩部两道红环带纹之间也绘红、黄彩相间的穗纹，其余则用陶质本色。高贵典雅。足部有裂痕。赵国之物。

15. 彩绘灰陶鸭形尊

战国
通高 30.8 厘米 长 27.3 厘米 孔径 2.2 厘米

泥质灰陶。细颈，昂头，张嘴前伸。圆形身，双翅小尾，矮腿，方足。背上有孔，应有盖，已缺失。身上彩绘，有黄彩和橘红彩，惜多剥落。与真鸭大小相仿，方足较少见。赵国之物。

16. 彩绘灰陶鸭形尊

战国
通高 17.7 厘米 长 31.9 厘米

泥质灰陶。鸭身呈扁圆形，细颈，首前伸，短尾，两扁足，鸭首传神。身上有孔，上有盖，残存红彩。头、尾、足、盖分别制作。鸭尊在战国时期很流行，分为兽头和鸟头两种。西汉后未见出现。赵国之物。

17. 彩绘灰陶云纹、珠纹鸭形尊

战国
通高 19 厘米 长 40.9 厘米 腹径 23 厘米

泥质灰陶。直口，平沿，短颈，广肩，鼓腹，圜底。一侧为鸭首形流，另一侧有尾。无翅，矮足。有盖，盖呈扁圆状，正中用橘红彩绘云纹、珠纹。外绘一周环带纹，环带纹外绘白彩珠纹一周。其外饰一周白彩勾连“S”纹，周缘饰一周红彩环带纹。用橘红彩绘喙、耳。珠纹示颈部羽毛。颈、肩、腹部及近底部饰有白彩和橘红彩环带纹。器身上半部用橘红彩绘双云头卷云纹，双云头卷云纹外饰小圆圈纹。中部红白彩绘连弧纹，上部连弧纹空隙处填以橘红色珍珠纹，下部连弧纹空隙处填以白彩小圆圈纹。下半部环带纹之间用白彩绘双云头卷云纹，双云头卷云纹云头之间，饰上下排列的两小白彩圆圈纹。彩绘的布局、色彩的鲜艳，出乎人之意料，不敢相信此为战国时期之物。

此尊之矮足，看似笨拙，实则古拙而巧制，型制之美，令人过目难忘。赵国之物。

18. 彩绘灰陶穗纹提梁虎头盉

战国
通高 18.7 厘米 长 21.7 厘米 宽 16.2 厘米
口径 8.6 厘米

泥质灰陶。直口，平沿，矮颈，广肩，肩部有细尾状提梁，鼓腹，腹一侧有虎头形流，蹄形三足。有盖，盖扁圆。制作时，头、梁、盖、三足等分制，再与身粘合，工艺复杂，造型奇特。盖和肩部用朱砂和黄彩绘麦穗纹，肩下部饰一周白彩凸弦纹，腹中部饰有一周凸弦纹，腹下部素面。彩绘鲜亮如故。品相完整。酒器，赵国之物。

19. 彩绘灰陶太阳纹三角纹罐

战国
通高 16.2 厘米 腹径 14.8 厘米

泥质灰陶，品相完整。直口，宽沿，短颈，广肩，鼓腹，平底。有盖，盖扁圆，顶部有一凸钮，钮外饰黄、红色环带纹一周。盖上未画太阳纹，只分层用红色三角纹表示阳光。中间用圆珠纹，两边以珍珠纹充实。罐唇及颈部以黄、红彩绘环带纹。肩部饰红、白相间的环带纹各一周。腹上部饰红色环带纹一周，两组环带纹之间饰白色珠纹组成的三角纹和红色珠纹。腹下部绘上红下白的环带纹各一周。于腹上部的环带纹之间饰红、黄及白色珠纹组成的三角纹。近底部饰上白下红的环带纹一周，于腹下部环带纹之间饰白、红相间的折线纹。折线纹空隙处，填以红色三角纹。色彩鲜艳，富贵大气。此罐应为赵国之物。

20. 彩绘灰陶云纹高足提梁杯

战国
通高 22 厘米 腹径 10 厘米

泥质灰陶。小口，斜腹，圜底，高柄，圈足。有盖，盖上有绳索状提梁。腹部饰红、白或红、黄相间的方格纹，其余均为云纹。一式两杯，型制相同。另一只惜残，此杯提梁有残。赵国之物。

21. 彩绘灰陶鸟形器

战国
通高 24.5 厘米 长 14.2 厘米 宽 11 厘米

泥质灰陶。鸟粗颈上扬,鸟首前视,双翅展开,呈欲飞之状。长尾、高圈足。此器由鸟首、双翅、尾、身构成。鸟首,双翅及尾均有榫,与圆形鸟身及颈连接。以黄、白、赭红三色彩绘纹样,构图多以黄彩绘边,空隙处饰以白彩、赭红彩的珍珠纹。鸟头甚小,造型亦甚喜人。品相完整,应为赵国之物。

22. 彩绘灰陶天鹅

战国
通高 45.6 厘米 长 36 厘米

泥质灰陶。由双翅、双足、首、身、尾七部分活榫组成。鹅长颈弯曲向上,昂首长喙朝天,长尾,双足着地,振翅欲飞。用红、黄、白三彩绘出双眼及羽毛,朱砂涂喙。造型奇特,富于想象力,特别是头、颈部,高达 26 厘米,用以平衡重心,反映出战国时期中国人对力学中的平衡、重心等概念有着深刻的理解。右翅裂后修复,双翅根均断缺,后在清理身体内部积土时,发现断折于土中,再补修好。活榫的彩陶天鹅非常罕见,经检索,此器在全球博物馆中所仅见,故为镇馆之宝。此物与后面的牛拉车、前述的立鸟活耳鼎等同出一坑,为赵国之佳作。

23. 彩绘灰陶圈足鹅

战国
高 17.8 厘米 长 38.2 厘米 宽 10 厘米

泥质灰陶。鹅首较小，长颈弯曲前伸，首亦向前伸，圆喙。扁长鹅身，矮腿，圆足，尾向上翘。全身彩绘，但并不用常见的黄彩。鹅颈部饰三周白彩环带纹，空隙处及鹅身用赭红彩和白彩短弧线纹绘出羽毛，以白彩直线和斜线装饰鹅尾。战国时期河北古陶中，似鸭鹅之类且扁平身体的并不多，圈足更稀少，反映出当时工匠们无拘无束的创作心态。品相完好。

24. 彩绘灰陶牛拉车

战国
车牛通长 47.5 厘米
高 10.6 厘米 长 19.7 厘米（大）
高 10.4 厘米 长 17.2 厘米（小）

泥质灰陶。共四牛，中间两头牛略高。以黄、红彩绘牛脊。身上绘三角纹，用黄、红、白彩相间的圆点纹绘满全身。车箱、车轮上也绘三角纹，色彩如牛身。车箱底部有六孔，用以固定车轴。四牛牛首虎身，表现出一种大国风范。

牛拉车后世（汉、南北朝、唐）均有表现，但四牛车却仅此一例。与前述天鹅和立鸟活耳鼎同出一坑，亦为赵国之物。

25. 彩绘灰陶黑立马

战国
通高 33 厘米 长 36 厘米

泥质灰陶。扬颈，低首，张口，竖耳缺失，颈上有短鬃。体肥，翘尾，前腿直立，后退弯曲站立。此器由头、上下身、四腿、尾等八部分组成。马头与上身穿孔，以木条等为轴相连，故马头可周转，以摆出多种造型。马腿亦与下身穿孔，用木条等为轴相连。马尾活榫，可插入上身。马身上下分为两半，估计为烧制方便而为之。马头、腿上刀犀工利。首身分制的方法一直在河北延续到汉代。马嘴处用朱砂点染，身上红白彩绘制纹饰。战国中山国之物。

26. 彩绘灰陶枣红立马

战国
通高 32 厘米 长 36 厘米

泥质灰陶。形制与前述基本相同，通体施以赭红彩，挺拔有力。画家梁占岩先生在此马前审视良久，赞言：真神驹也！战国中山国之物。

27. 彩绘灰陶立牛

战国

通高 17.4 厘米 长 31.7 厘米 肩宽 6.6 厘米

泥质灰陶。颈及牛头前伸，体肥，尾缺失，前腿直立，后腿弯曲站立。此器由头、身、四腿足共六部分组成。头与身之间有孔，以木条等相连。腿与身亦有孔，以木条等连接。颈前四孔，当是为插木制的角和耳所留。尾部亦留插木尾之孔。头部与身体如此直连的，仅此一例，燕赵诸国亦未见过，战国中山国工艺之不凡，可窥一斑。通体用黑彩髹绘。战国中山国之物。

28. 彩绘灰陶高足凤凰

战国
通高 32.2 厘米 长 37.9 厘米 宽 46.8 厘米

泥质灰陶。曲颈，昂首，长喙前伸，圆身，双翅展开，长尾，尾端稍宽且向外卷，圈足。此器由头、双翅、尾、足与身体活榫组成，足部微残。以黄、赭红、白彩施以彩绘，惜多剥落。双翅硕大，凤尾外卷，均难得一见。赵国之物。

29. 蜻蜓眼琉璃珠

战国
直径 0.2 厘米至 2 厘米

战国琉璃珠从型制上可分为圆型、柱型和异型（如龟形）三种，从制做材料上可分为纯琉璃造和琉璃与陶质混和造两种。琉璃陶珠的制做工艺如下：先将琉璃做成蜂窝状，此时琉璃表面凹凸不平，以便抹上陶泥时能粘紧和形成球状，再在球状体表面彩绘蜻蜓眼眼线，用琉璃或蓝、赭红、紫彩点眼珠，入窑烧制即成。蜻蜓眼本非我国的传统纹饰，商周时不见，原为古代西亚传统纹饰，故由此物可证知二事实：一则至少在战国时期，我国的琉璃制造技术已成熟;二则是“丝绸之路”至少可推至战国时期，应属赵国之物。

30. 彩绘灰陶紫裙侍女俑

战国
高 24.3 厘米

泥质灰陶。活首，脑后拢发髻，上有簪孔，原木簪已朽。颈与身有孔，以木条等相连。身着交领、白边长袖、中分紫裙，白领饰有花纹。上臂下垂，前臂弯曲置于腹前，双手隐藏于筒袖中。腰间有红带，红带系成花形系住下裙。后摆双分，露出两层内裙。下部白边，双足微显，双足底中央有孔，原来应站于木块之上。腰部有裂纹。

这是一组（与后述共三尊）令人兴奋的侍女俑。初见三俑，著者即断为西汉侍女俑。后经观察，感到疑点不少。其一，汉侍女俑很少首身分制。其二，汉侍女俑脑后拢发而自然下垂，至颈部束紧后留一绺下垂。此组却均为发髻。其三，汉女衣领部多分三层，内衣领清晰可见，此组则无。且汉女之衣领右衽，腰带扎住曲裙，下边呈喇叭裙状，双足往往不见。其四，汉女后摆不开口，看不到下边内衣状。后经多方打听，方知这组俑出于平山、灵寿一带，系战国中山国故地。再观长相，鼻梁高耸，颧骨较突出，非汉女长相。于是恍然大悟，此组俑乃战国中山国侍女俑，是白狄形象。至此，著者兴奋异常，须知迄今为止，尚不知战国中山国这个“神秘王国”之白狄长相如何、穿戴怎样，无任何文献可据。两千多年后，“她们”款款而至，似向观者诉说着那战火纷飞的年代。有此大缘，怎不令人铭心刻骨?

31. 彩绘灰陶绿裙侍女俑

战国
高 24.3 厘米

泥质灰陶。形制与前述相同。身着长袖绿裙（已褪色），前后裙下部有阴刻弧槽，内填朱砂。衣领中部尖出一块。后裙下部显现出白、红、灰三色内裙摆。双足底中间有孔。腰部有细裂纹。

32. 彩绘灰陶侍女俑

战国

高 28 厘米

泥质灰陶。首身一体雕塑。细眉，柳叶眼，鼻梁较高，月芽朱唇。头发中分，下垂至颈部束成髻。头和上身及下肢均微向前曲，上臂下垂，前臂弯曲，置于腹前，双手隐藏于袖中。内衣微露，身着右衽衣裙，上面用红、白彩绘花卉。初看像西汉侍女，但裙后摆开圆弧口，三层内衣清晰可见。故此为战国中山国汉家女形象。底部无孔，品相较佳。

33. 彩绘灰陶碎花灰裙侍女俑

战国
高 24.3 厘米

泥质灰陶。形制与前述基本相同。身着长袖白边灰裙，用黑红彩满绘碎花，衣裙有质地。衣领中间尖出一块，后裙下部有圆弧边，显现出白、红、灰三色内裙。

34. 彩绘灰陶切云冠吏俑（I）

战国
高 29.2 厘米

泥质灰陶。头发中分，拢至脑后成圆髻状，冠切云，用黑带从耳前到下颔以固定。细长眉，八字胡须，朱唇，口形似言“喏”。颈下有孔，与身上之孔用木条相连。身着白领、白边、右衽长袖红衣，袖端饰白边。上臂下垂，前臂曲肢置于腹前，双手隐藏于袖中。腰间束白彩腰带，白彩腰带双结自然下垂。肘与裳后部阴刻有弧形纹，用黑彩填描。后下摆弧形，红、白等三层内衣显露。双手隐藏处中间及身体腰间左侧有孔，估计手间孔放圭，腰间孔插剑。双足微露，足底有孔，估计与木板相连用。腰间有裂纹。该俑冠形似山，上部呈锯齿状，此俑为单齿，后面之俑为三齿，估计以此区分官职之用。

屈原在《离骚》中写道：“高余冠之岌岌兮，长余佩之陆离。”可见，高冠在战国时期很盛行，也说明战国中山国（白狄）所用官衔制度与汉人无异。又，屈原在《九章·涉江》中还描述道：“带长铗之陆离兮，冠切云之崔嵬。”“切云”乃冠之名。未见此俑时，切云之词很艰涩。有此俑，方知冠如峻山，高耸入云，“切云”之词甚贴切。可见玩古之人，必得读古之书，方可悟道。战国中山国之物。

35. 彩绘灰陶切云冠吏俑（Ⅱ）

战国
高 29.2 厘米

泥质灰陶。形制与前述基本相同，唯红衣稍淡，切云冠上部呈三齿锯形，估计此俑官衔高于前述之俑。

联想到中山王墓中铁足铜鼎上的篆书铭文与铜升鼎、铜编钟，以及前述中山国的文物，可知中山国虽为少数民族统治，但其植根灵寿后，便全面采用了中原文化的官制、礼制等。就当时而言，这些制度在世界上是最有效、最先进的制度，结合本民族强悍的个性，中山国在强国如林的战国时代能够生存和发展，就不难理解了。

36. 彩绘灰陶文吏俑

战国
高 34.2 厘米

泥质灰陶。首身分制，首身之间有孔，以木条连接。粗眉大眼，高鼻，八字胡须，朱唇，唇下有少许胡须。戴切云冠，无齿。身着白色红边交领深衣，上臂下垂，前臂弯曲于腹部，双手隐藏于袖中。手、肘处各有一圆形孔，估计是捧圭、佩剑之用。腰间系白色红边带，绘佩带，裙后摆开圆弧形口，内显一层内衣。底有双孔，腰间有裂。战国中山国之物。

37. 彩绘灰陶文吏俑

战国
高 34.2 厘米

泥质灰陶。形制与前述基本相同，唯脸部较宽，戴三齿切云冠。战国中山国之物。

38. 彩绘灰陶男立俑

战国
高 15.7 厘米

泥质灰陶。首身一体雕塑。头戴红边黑帽，粗眉，眼睛非常大，有些夸张，鼻头高耸，八字胡须，厚嘴唇，皮肤黝黑。身着右衽白边短袖衣，腰扎白色宽带，穿长筒靴。左足底有孔，估计用木条与木板连接。此俑非常奇特，长相、服饰均与其他俑不同，是否即“昆仑奴”尚无定论。战国中山国之物。

39. 彩绘灰陶跽坐女俑

战国
高 9.8 厘米

泥质灰陶。首身一体雕塑。头发拢至脑后成髻，细眉，大眼，朱唇。身着粉领右衽黑衣裙，白色腰带，呈跽坐状。底部无孔。此俑应为侍女俑。战国中山国之物。

40. 彩绘灰陶跽坐女俑

战国
高 11 厘米

泥质灰陶。首身一体雕塑，脑后发髻，细眉，小眼，朱唇。上臂下垂，前臂弯曲置于腹部，两手隐藏于袖中。白边黑裙，白色腰带，红边内衣微显，呈跽坐状。底部有孔。此俑也应为侍女俑。战国中山国之物。

41. 彩绘灰陶跽坐女俑

战国
高 17 厘米

泥质灰陶。身、前臂和首分制。头发中分，结髻，有孔供放簪用。细眉，柳叶眼，高鼻，嘴似言“喏”形，颧骨较高。首、前臂和身有短孔，彼此以木条等相连。上臂下垂，前臂弯曲前伸，双手紧握，呈跽坐状。双手紧握处有孔，所持原物已失。红领内衣，身着白领白边衣裙。

见到此俑前，笔者自思河北之古俑无型不见者。直到看见此俑，在确认必真无疑后，曾叹道：河北之祖，创造无限，纵然穷尽一生亦难品全！战国中山国之物。

42. 彩绘灰陶骑马俑

战国
高 35.1 厘米 长 29.8 厘米 宽 10.3 厘米

泥质灰陶。马与俑分体。俑双臂可拆下，亦可周转。左手持戈，右手握缰。马由首、身、四肢、尾等七部分组成。双耳竖立，马嘴大张，朱唇，薄齿，尾翘起，似在嘶鸣。马头上饰有红色马笼头。身上有彩绘，惜多剥落。俑下身有孔，估计是木腿，已失，其余完整。战国中山国之物。

43. 彩绘灰陶骑马俑

战国

高 38.3 厘米 长 27.8 厘米 宽 10.3 厘米

泥质灰陶。马首向左倾斜，白彩作底，黑彩绘眼睛，红彩绘唇、舌。马镳、缰绳、节约等十分清晰。骑马俑右手持戈（已朽），左手操缰绳。其余均与前图骑马俑相仿。与前述是一对骑马俑，马头朝向一左一右，马的造型凹凸有致，历二千余年依然挺立，不能不让人叹为观止。

44. 灰陶饕餮纹瓦当

战国
高 17 厘米 底径 35 厘米

泥质灰陶。此瓦当以双龙纹和饕餮纹装饰，饕餮双目之上以双龙为眉。燕下都(今易县)瓦当，纹饰变幻莫测，极富艺术性。山峦树木、飞禽走兽，无不传神。饕餮，恶兽名。《吕氏春秋·先识》载："周鼎著饕餮，有首无身，食人未咽，害及其身，以言报更也。"由此可知，古人选此纹饰，更多的目的是警示后人：做人、做事不可贪得无厌。

就现阶段而言，对燕下都瓦当的研究，河北有两人不能不提，即保定的吴庆军先生和刘德彪先生。二人藏瓦极多，治学严谨，合著有《燕下都瓦当研究》一书。吴先生藏有整瓦，长约95厘米。

45. 黑陶磨光压划云纹鼎

战国
通高 22.8 厘米 口径 22 厘米
耳高 3.2 厘米 耳宽 1.8 厘米

泥质黑陶。子口，深腹，圜底，双耳外侈，三个蹄形足。有盖，盖呈扁圆形，上饰两周弦纹，周缘亦饰一周凸弦纹。盖上有半圆形三钮，呈正三角形排布。盖中心由内而外饰两层压印卷云纹。腹部饰压印卷云纹和竖条纹，腹中部饰一周凸弦纹。一耳断后粘接。整器厚实、有力。

古代，鼎是权力的象征。天子九鼎、诸侯七鼎、公卿五鼎、高级士三鼎、士一鼎，与簋配套使用。鼎作实用器时，主要盛放猪、牛、羊、鱼肉等。九鼎代表九州，是国家权力的象征。天子九鼎用以表征天子之身份。此物底部有烧灼痕迹，故为实用器，应为战国中山国之物。

46. 黑陶磨光豆

战国
通高 26 厘米 腹径 13 厘米

泥质黑陶。子口，圆腹，圜底，喇叭形细柄，圈足。有盖，盖为扁圆形，盖顶有一喇叭形提手，倒置亦似一豆。通体打磨光滑。此豆既可分开使用又浑然一体，构思妙极，似妙女亭亭玉立，极富艺术感染力。实用器，用以盛装菜类食物，系战国中山国器物。

47. 黑陶磨光压划虎纹、云纹壶

战国

通高 40.5 厘米 腹径 26 厘米

泥质黑陶。敞口，平沿，高颈，广肩，鼓腹，平底，圈足。有盖，盖呈扁圆状，正中稍隆起，有凸弦纹一周。磨光黑陶系战国时期中山国境内特有的种类。烧制前，先以牛角类物压划出纹饰，入窑烧制后烟熏，再复擦，剔去纹饰边上黑色部分，成器光亮可人。此壶颈部、肩部、腹部饰有纹饰带，纹饰有虎纹、云纹、波折纹、三角连纹等，层与层之间黑白相间、宽窄错落，极富装饰性。该壶一般成对，盛酒器，系实用器。

自从战国中山国国王墓中出现此类磨光黑陶后，人们才逐渐认知。其器型之大气、工艺之独特，给观者很强的美感。以此推知，战国中山国必为手工业强盛之国，否则哪得如此之美器呢？

48. 黑陶磨光压划卷云纹、波折纹壶

战国
高 16.5 厘米 腹径 9.6 厘米

泥质黑陶。小口，短颈，圆腹，圈足。肩、腹部施以卷云纹、波折纹。足沿微损。此类器型少见。此器型在河北省博物馆所藏战国中山国国王墓黑陶品中未见。估计口有盖，已失。草原文化气息浓厚，当为酒器。中山国之物。

49. 彩绘黑陶磨光连珠纹双耳四环壶

战国
通高 29.8 厘米 腹径 20.8 厘米 环内径 3.2 厘米

泥质黑陶。敞口，沿外侈，高颈，广肩，肩两侧有耳，圆腹，平底，圈足。有盖，盖上桥形钮。器身上用彩绘环带纹、连珠纹相间装饰，连珠纹以圈状印出，较少见。双耳，每耳有双环相衔，环白底，以赭红色竖条纹装饰。此壶四环格外引人注目，推度环与环同时烧、熏，然后打底粉，再上彩，工艺复杂。壶足底有微裂。当是战国中山国物。

50. 黑陶磨光压划太阳纹盘

战国
高 5 厘米 口径 16.1 厘米

泥质黑陶。敞口，圆唇，弧腹，平底，通体打磨光滑。盘内以磨光压划做出太阳纹，而盘外为素面，无纹饰。

如前所述，磨光压划系烟熏后剔出来的。然而古人是如何做到内熏外素的？又为何留素面在外？外面若是光面岂不更美？这些问题困惑了笔者许久，以致数日不得落笔。偶遇下雪，于雪景中我突然顿悟。盖古人入窑熏之前，在外糊泥，待熏毕，洗去外泥即可。至于外素面之原因，当是古人与今人审美观不同，彼时人们认为素面亦十分漂亮，内光外素，亦甚有趣。此为盛食器，与今日作用无二。当为中山国之物。

51. 黑陶磨光压划三角纹匜

战国
高 5.6 厘米 口径 17.2 厘米 流长 4.8 厘米

泥质黑陶。敞口，圆唇，弧腹，平底，圈足。一侧有一长流，通体打磨光滑。构图简捷，在近底部处压出三角连纹。整器厚重，实用，是用于洗手的盥洗器。战国中山国之物。

52. 黑陶磨光压划云纹兽头尊

战国

高 16.9 厘米 直径 17.8 厘米

泥质黑陶。敛口，鼓腹，腹下部向内斜收，小平底。腹部一侧有流，呈兽头形，兽头双目突出，双耳耸起，嘴呈吼状，极传神。兽头与器身分制后粘合，内有泥条粘合痕迹。器身通体磨光，以三周弦纹将器身分成三区，上两区压印出卷云纹，下区素面。此尊是盛酒器，应是战国中山国之物。

53. 彩绘灰陶云气纹壶

汉代
通高 45 厘米 腹径 25 厘米

泥质灰陶。敞口，平沿，束颈，腹最大颈近底部，圈足。有盖，盖呈扁圆形，盖上用红、白彩绘云气纹。颈部彩绘十分精彩：饰连体朱砂红倒三角纹，三角纹中绘鹰面纹饰，空隙处饰黑红彩绘云气纹，气息通畅，表现生动。腹部用黑红彩绘卷云纹，足上白底，饰有红彩环带纹等图案，很罕见。

54. 彩绘灰陶山字纹壶

汉代
通高 45 厘米 腹径 26 厘米

泥质灰陶。直口，平沿，束颈，广肩，圆腹，圜底，圈足。有盖，盖上有彩绘，有虬龙形钮两个。肩部绘红彩山字纹，腹部绘红彩云纹。品相完整。

55. 彩绘灰陶云纹壶

汉代

通高 31.6 厘米 腹径 21.5 厘米

泥质灰陶。敞口，平沿，束颈，广肩，弧腹，腹最大径近底部，圜底，圈足。有盖，盖呈扁平状。盖上用红、白彩绘云纹。颈部用白彩绘正三角纹、红彩绘倒三角纹，每个三角纹中均有同彩云纹。腹部绘大型红、白彩双云头卷云纹。圈足施白彩和红彩环带纹。

56. 彩绘灰陶盒

汉代

直径 17.1 厘米

泥质灰陶。底和盖大体相同，整体略如椭圆形，口微敛，平唇，圆足。盖正中有一圈足状提手。通体白彩底，用朱砂红、褐彩绘出云气纹和环带纹，线条流畅、率意，犹如天马行空，令人感觉酣畅淋漓。褐色彩极为少见。

57. 彩绘灰陶仿漆器奁

汉代

高 15.5 厘米 长 39.3 厘米 宽 14.2 厘米

泥质灰陶。此件是一个外套件，内有同形盒，将此外套件罩于内盒上，构成一个奁。外套件用黑红两种彩绘制，先用黑彩髹底部，再用朱砂彩绘。上部仅绘宽边，腹部上下绘两道环带纹，往里绘两道宽带纹。每个宽带纹由上下各两道环带纹及中间的波浪纹、水珠纹组成。最中间用极细的笔道绘卷云纹，此卷云纹既像龙也像鹤，给人以无限的遐想。奁在古时用于盛放化妆品。

汉代由于高祖刘邦的缘故，许多方面都受楚文化的影响。漆器以楚地为最好，作为中原地域的河北不可能不受到影响。此奁即为珍贵的仿漆器之物。

58. 彩绘灰陶兽镇

汉代
高 7.5 厘米 长 16 厘米 宽 17 厘米

泥质灰陶。兽首，双目圆睁，阔鼻方口，双耳耸立，身体蜷曲，可见双足，尾从下部搭至身上。眉、身、足、尾部以犀利之刀刻出，张弛有度。墨彩绘眼、眉，红、白彩绘身体，可惜颜色多已脱落。身上有孔，品相完整。

汉代人席地跽坐，为防席卷起，席上常用此等镇压住，身上之孔用来插木条，木条顶端置灯。

59. 彩绘灰陶仓

汉代
高 36 厘米 腹径 22 厘米

泥质灰陶。直口，短颈，圆肩。腹向内斜收，近底部有一圆孔。平底，底部有三个熊形足。上口是倒粮口，下面是取粮口。上口应有盖，已失；下口应有塞，也已失。腹的上部、中部及近底部饰有弦纹。颈部及肩下部饰有红色环带纹，惜多不清。汉代人认为熊力大无比，故熊的形象往往安排在整体造型的底部。

就粮仓而言，汉代人的设计是相当合理的，上口入粮（使用梯子登上），下口出粮，可防潮，也可防鼠患。

60. 灰陶百枝灯

汉代

高 60.2 厘米　中部曲腹承盘直径 27.5 厘米　底盘直径 34 厘米

泥质灰陶。整器由人物动物托台、飞龙升天、双兽双鸟托台三部分组成。底座为敞口、折沿、平底盘，盘正中置有高柄、小圈足、豆形灯柱。浅盘上承敞口、折沿、平地盘。人物动物托台底部，底盘折沿上有八个圆形孔插入八个灵芝形托台，上置人物、鹿、狐、虎、狼、豹等，动物皆呈仰面畅吼状；又有两人作伸臂祈祷状。可谓仙之山，人兽共乐，欢情充盈。然而虽处人间仙山，犹仰面告天，虔祈将来可令灵魂升上天堂。飞龙升天在中部，由敞口、折沿、平底盘和正中的上细下粗高柄浅盘豆形灯柱及八条龙组成。盆的折沿上也有八个圆孔，插入八条飞龙，飞龙曲身扬颈，前肢斜伸，作仰首向天，张口，吐舌，长啸状。八条飞龙飞舞空中，大气磅礴。汉代人认为龙可通天，故此处意为龙载灵魂升天景象。第二层，高柄浅盘豆形灯柱上置圆柱形灯柱，灯柱顶端为一圆形灯盘。圆形灯柱下部有四个圆孔，插入两鸟两兽。天堂胜景何样？鸟、兽均可飞舞！此间只用四个鸟兽即予说明，真正简捷明了。

汉代人有“羽化升天”的思想，意思是经过修炼，人的灵魂均可像羽毛般升入天堂，此器正是“羽化升天”思想的物化诠释。此灯灯盘错落安置，分层点燃，交相辉映，豪华气派，甚是壮观。洛阳博物馆也有百枝灯，羽人乘龙升天，是另一种表达方式。

61. 灰陶狗

汉代
高 14.6 厘米 长 14.8 厘米

泥质灰陶。短颈，头扬起前伸，作张口、露齿、竖耳状。四肢粗壮，卷尾。手工捏制，用刀加工，只简单几刀，一条活泼可爱的小狗便呈现在面前，使人惊叹汉朝人的观察能力，更惊叹彼时“汉八刀”的功力。高昌之物。

高昌在唐县，汉代时为高昌古城。百姓动土，多有古物。2004 年以前，笔者在保定市场上常见高昌出土的人、动物俑，甚喜，见品相好者，往往藏之。

62. 彩绘灰陶鸡

汉代
高 38 厘米 长 29 厘米

泥质灰陶。昂首站立，冠、喙、羽毛等均用刀刻出，白底，红彩微现，品相完好。汉代的动物，重在将其某一瞬间的神态刻画出来，讲究神似，意在象外。这种审美观，为中国雕塑奠定了基础，也影响到了中国画的发展。

63. 灰陶瑞兽

汉代
高 29 厘米 长 26.4 厘米 宽 11 厘米

泥质灰陶。扬颈，昂头，头上有脊，尖耳，双角齐长下垂，阔眉，两眼圆睁，作张口露齿怒吼状，下颌有长须。身体健壮，四足有力，背上有圆孔，两侧带翼，长尾从后腿间蜷至腹间。此瑞兽被称为“辟邪”，又叫“望天吼”，属瑞兽，能护主驱邪。

64. 彩绘灰陶马

汉代
高 12.5 厘米 长 12.5 厘米

泥质灰陶。扬颈，低头，马嘴作闭口状。马身肥健，腿部仅突出很少一部分，应是安装腿足时用。马头部显红色，其余彩绘皆剥落，具体纹饰不清。高昌之物。

65. 彩绘灰陶马

汉代
长 35.4 厘米

泥质灰陶。马头、身、四腿分制，以木条插孔相连，马腿缺失。扬颈、竖耳、头前伸，张口，口中红润，目如悬铃，鼻孔怒张，呈嘶鸣状，表现出欲行千里的良驹形象。头部有白色笼头，其余部分彩绘惜多剥落。高昌之物。

66. 灰陶独臂睡孩俑

汉代
高 17.5 厘米

泥质灰陶。头微倾至右肩，无右臂。着右衽衣袍，后腰处有衣结。右半身裸露，盘腿而坐，呈睡觉状。

笔者所见到的汉代陶俑中，残疾人的形象，仅此一例。高昌之物。

67. 彩绘灰陶男俑

西汉
高 35 厘米

泥质灰陶。头发中分，双眼有神。身着敞胸式黑红两色镶边的长襦，腰间有带，右臂弯曲于腹部，左上臂下垂，手握成拳状。两腿分开，呈站立状，足穿长靴。此俑笑容可掬，再加上裸胸和随意穿着的长襦及长靴，刻画出一个善良、可亲的老人形象。表现出汉代人乐观、豁达的精神风貌。汉代人塑像，不重细部，重在神韵，此像足见一斑。高昌之物。

68. 彩绘灰陶女立俑

汉代
高 19 厘米

泥质灰陶。平顶发髻，此发型在汉俑中很少。脸部白彩底，漫漶不清。双手拢抱胸前。内衣领依稀可见。此俑衣裙很特殊，汉女衣裙一般右衽、腰间有带，下部曲裙，很少见到内衣，此处非但前面下部开口，内衣可见，足尖亦可见。高昌之物。

69. 彩绘灰陶女俑

汉代
高 23 厘米

泥质灰陶。头发中分，至颈部扎起。身着红领右衽宽衣博袖长裙，衣袖翻口雕塑相当精致。上臂下垂，前臂弯曲于腹前，双手隐藏于袖中。高昌之物。

70. 彩绘灰陶女俑

汉代
高 20 厘米

泥质灰陶。头发中分，脑后盘髻。娥眉细眼，朱唇微张。上臂下垂，前臂弯曲于腹前，双手隐藏于袖中。红粉内衣，身着黑领黑边右衽长裙，黑丝腰带锁住曲裙。红花朵朵，尽染衣裙。高昌之物。

昔日笔者客居保定，闲暇时观此俑，虽经两千余年，大汉风范，犹自存焉。“我非贪生而恶死，不能捐身兮心有以。”（蔡文姬《胡笳十八拍》）仍在耳际。今燕申石门，明窗净几，罗列布置。复观俑等，光华照人。可惜今之冀人，眼被铢毕，不识祖之瑰宝，知音难寻。我常有错时之感，“惜吾不及古人兮，吾谁与玩此芳草？”（屈原《九章・思美人》）古人之乐趣及胆识，今复安在？

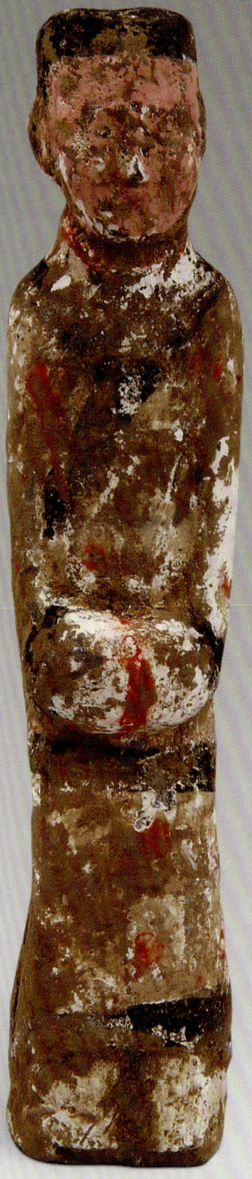

71. 彩绘灰陶女俑

汉代
高 21.8 厘米

泥质灰陶。头发中分，后盘成髻，留有插簪子的圆孔。上臂下垂，前臂弯曲置于腹前，双手隐藏于袖中，双腿略向前曲。内着红领内衣，身着交领右衽黑边窄袖深衣，下垂至地，衣角紧裹。深衣上饰有大朵兰彩和红花卉。

根据笔者对历代女俑的观察，我国从战国至今对美女的标准可分三类：战汉类型、南北朝类型、唐代类型。具体将在相应章节中予以阐述。战汉类型要求美女高大修长，对肤、眉、眼、手、颈、齿均有衡量标准。《诗经·卫风·硕人》中有很精彩地描述："硕人其颀，衣锦褧衣。……手如柔荑，肤如凝脂，领如蝤蛴，齿如瓠犀，螓首蛾眉。巧笑倩兮，美目盼兮。"此俑可谓硕人的实物写照。其美其丽，足惊千古。今人言美，无非硕女之标准，却无《硕女》之美辞了。高昌之物。

72. 彩绘灰陶侍女俑

汉代
高 32.6 厘米

泥质灰陶。椎髻长垂至肩下，内着红领内衣，外着红色交领右衽广袖、红袖口长衣，下垂至地，两侧衣角外撇如鱼尾状。上臂下垂，前臂弯曲置于腹部，双手隐藏于袖中。高昌之物。

73. 彩绘灰陶侍女俑

汉代
高 27 厘米

泥质灰陶。此俑可贵之处在脸部和内衣裙上，脸部造型甚美，底色也基本完好。朱唇微启，非常可爱。可惜眼眉不甚清晰，令著者叹息许久。

汉代人内敛，女人穿着较严谨，一般内衣只露领。此俑中红色内衣露出较多，令人耳目一新。高昌之物。

74. 彩绘灰陶侍女俑

汉代
高 33.7 厘米

泥质灰陶。发式为后拢束在一起，留一绺下垂，眉较宽。上臂下垂，前臂弯曲置于腹前，双手隐藏于袖中。内着两层红领内衣，外着交领右衽、广袖赭色黑边深衣，袖口处饰有红彩勾边，深衣下垂至地，两侧角外撇如鱼尾状。高昌之物。

75. 彩绘灰陶侍女俑

汉代
高 35 厘米

泥质灰陶。眉清目秀，头发中分，后颈处束在一起，留一绺下垂。上臂下垂，前臂弯曲于腹前，双手隐藏于袖中。身着右衽广袖长衣，下垂至地，两侧衣角外撇如鱼尾状。用黑彩、白彩等绘制纹饰，惜多剥落不佳。此俑系前后模制合成，中间有接缝。此型式为汉代侍女俑中的典型样式。

76. 彩绘灰陶跽坐俑

汉代
高 14.2 厘米

泥质灰陶。身着交领右衽红衣，腰系黑带，呈跽坐状。阳光、笑容，笔者每每看到此俑，脑海里总浮起这些词来。汉代人的自信、豁达，都洋溢在笑脸上。高昌之物。

77. 彩绘灰陶跽坐俑

汉代
高 14.2 厘米

泥质灰陶。粉色脸底，细长眉，小眼，有胡须，朱唇。头发后拢，呈云头髻形。身着右衽窄袖深衣，跽坐。这是当时有地位人物的形象。粉底用于手和脸的装饰，在河北战汉时期的古陶中很常见。高昌之物。

78. 彩绘灰陶舞蹈俑

汉代
高 16.1 厘米

泥质灰陶。身着交领黑边右衽红色广袖长裙，下垂至地，裙端摆开呈圆形，左臂扬起，舞蹈动作明显，故眉眼虽不清晰，也弥足珍贵。高昌之物。河北汉俑中舞蹈俑甚少，保定胡进先生藏一汉舞女俑，宽衣广袖，造型生动，是为珍品。

79. 彩绘灰陶方士俑

汉代
高 20.3 厘米

泥质灰陶。头与身活榫相接。头戴小冠，浓眉，目光严峻，朱唇。上臂下垂，前臂抬起前伸，袖筒中未见手，呈直立状。高领内衣，外着右衽白领深衣，深衣下垂至地，衣端紧裹，略呈宽松状。身上有凹槽，估计应是插幌子上木柄用的。

至于双袖筒为何平端、仅见袖筒不见手的情况，笔者百思不解，留待以后考证。汉代人重神韵，细观此俑，会有更多理解。高昌之物。

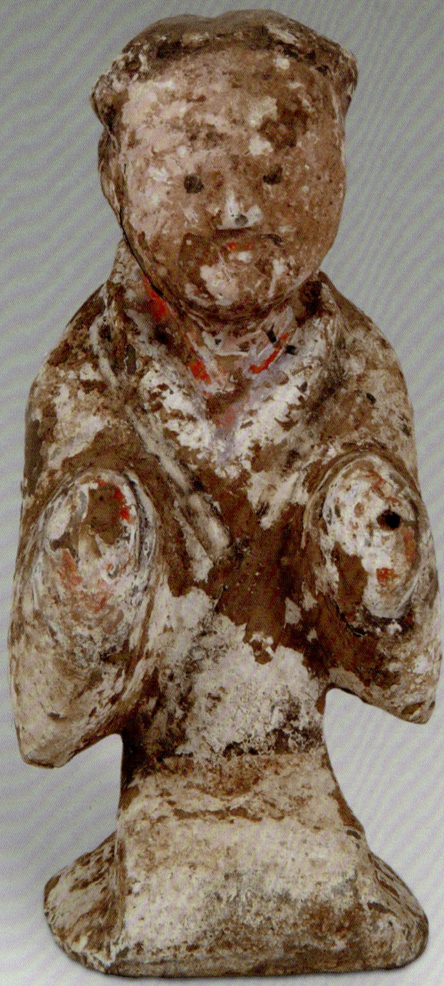

80. 彩绘灰陶驾车俑

汉代
高 21 厘米

泥质灰陶。头发中分，于脑后盘起。前额较阔显示头发较少，岁数略大。眼珠较黑，八字胡须。身着红色内衣和交领右衽深衣，阔袖，手与臂有孔相连，手已失。跽坐。从姿态判断，这应是驾车俑。高昌之物。

81. 彩绘灰陶胡人俑

汉代
高 19.2 厘米（右）、18 厘米（左）

泥质灰陶。一大一小，一黑一白，身着窄袖短衣和裤，足蹬靴。高个脸白，皱纹多，显出年龄大些；矮个黑脸，明显是少数民族的人物形象。这些珍贵的实物资料说明，在两千多年前，就有胡人生活在河北的大地上，其形其神，永远纪录在了这些人俑上。高昌之物。

82. 绿釉灰陶胡人抱子立凤熏炉

汉代
高 56 厘米

泥质灰陶。施满绿釉，表面有铅银色。胡人头戴尖形毡帽，右手怀抱孩子，左手搂竹节柱。柱上置一熏炉，敞口，折沿，深腹，圜底，上置米字三角孔半圆形盖，盖顶承一敞口、折沿、浅腹圆盘，盘沿立三只小熊，盘中央竹节柱上放一小型熏炉，熏炉盖上饰三只小鸟，小鸟间各有一圆孔，顶部立凤。

此器所呈现的形象源于华夏民族的千年之梦。从战国时期开始，北方的匈奴即是中原之强敌，他们觊觎华夏的富庶，凭借人强马壮，不断侵入和掠夺中原的财富。汉文、景二帝时，鉴于敌强我弱，不得不采用和亲政策，献出财富。熟料匈奴欲壑难填，不断发动战争，百姓之苦，国家之辱，难以言表。东汉时蔡文姬在其绝唱《胡笳十八拍》中曾记述："(匈奴)人多暴猛兮如虺蛇，控弦披甲兮为骄奢。"又曰："干戈日寻兮道路危，民卒流亡兮共哀悲。烟尘蔽野兮胡虏盛，志意乖兮节义亏。"如此国难及百姓之苦，竟持续数百年，民族之恨，直入骨髓。何时平灭匈奴，令其不敢再与中原为敌？这种意念，成为当时千万中原儿女的共同心声。

幸得我中原汉武帝这样雄才大略的作为之君，带领军民举国奋起，将匈奴驱赶至大漠之北，发出了中华民族"犯强汉者，虽远必诛"的最强音。至东汉，匈奴之势如强弩之末，故我先祖才可将此事件制成雕塑。器中匈奴抱子，示在其世世代代抱灯揽熏，意在屈服于我汉制之下，不可能再凌驾于我大汉之上。熊在汉朝人心中，是力量之象征，示意大汉之强盛。最上端鸟和凤，是汉人"百鸟朝凤"之意，象征和平之世。因此，此物中也蕴含希冀匈奴百姓从此与大汉百姓和平相处，共享美好生活之意，表现出大汉民族宽厚待人的仁意之风。

83. 绿釉灰陶双鱼纹鉴

汉代
高 8 厘米 直径 32.5 厘米

泥质灰陶。敞口，折沿，平底，整器施满绿釉。内侧有两条鱼，鱼鳞用刀刻出，有凹凸感。放入清水，色美如翠，亮可映人，故可为鉴。用手撩水，双鱼似在游动，实际是光折射反映到人眼中而给人的错觉。可见汉代时，先祖们对光反射、折射等现象进行过深入研究。

84. 黄釉跑兽纹对鼎

汉代

通高 16.1 厘米 口径 18.5 厘米

泥质红陶。此件及以后几件均为一坑之物，计：奁一件、壶两件、鼎两件、罐两件、灶一件（含釜两件）、灯台一件。对鼎敞口，有子口，可扣盖。双耳外侈，深腹，圜底，三熊足。腹部饰凸弦纹一周。盖扁圆形，正中有桥形钮，衔环。盖顶部和盖口近边缘处各饰有一周凸弦纹。盖顶凸弦纹外饰有三个乳钉纹，内饰两条腾云驾雾之龙。两周凸弦纹之间饰满动物，如虎、豹、猪、熊、猴等，空白处饰云气纹。形象生动，雕塑挺拔而充满了力量。双耳上亦有纹饰，漫漶不清，可能是青龙、白虎、朱雀、玄武纹饰。通体施以黄釉。

85. 黄釉跑兽纹壶

汉代
高 30.3 厘米　腹径 21.2 厘米　圈足径 10.4 厘米

泥质红陶。敞口，平沿，束颈，圆肩，鼓腹，圈足，腹两侧各附贴一模制兽面衔环铺首。有盖，已失。肩及腹部各饰一周凸弦纹。凸弦纹之间饰跑兽纹，有虎、熊、牛、蛇等动物形象，生动而有趣。通体施以黄釉。这一套汉黄釉跑兽纹壶非河北之物，据说出自山东。河北汉代多出绿釉，很少有狩猎纹和跑兽纹的。

汉绿釉是汉代人的伟大发明，主要解决了釉和陶不分离的问题，为北朝时瓷器和唐三彩的诞生奠定了基础。

86. 黄釉跑兽纹对罐

汉代
高 13 厘米　腹径 15.5 厘米　底径 7.4 厘米

泥质红陶。敞口，圆肩，弧腹，平底。肩部饰有两周凸弦纹，两周凸弦纹之间饰有豹猪相争、虎熊斗勇、龙跃山间、群猴戏熊四组动物纹饰。以云、山点缀其间，美不胜收。通体施以黄釉。

87. 黄釉跑兽纹奁

汉代

高 28 厘米 直径 18.5 厘米

泥质红陶。直口，平沿，直腹，平底，底部有三熊足。博山式盖，盖上饰山形纹和动物纹。盖整体呈四周隆起的圆锥形高山状，顶部有凸出的峰尖，山体周边有以凸线组成依次相连的四座山形纹，山形纹空隙处饰有四组动物纹：跃狼、跑熊、奔豹、虎逐鹿。山形纹外饰一周凸线纹。山顶上饰有四组飞禽：双凤（长尾）、双鸟。腹部两个兽面衔环纹边有四组图案：龙虎熊豹、双熊群猴、龙虎兔羊（此组中龙正在驱虎，虎回头吼，兔羊蜷身屈于龙身之下）、龙凤虎狼（凤立云端、飞龙翔天、群山高耸、虎狼屈身）。通体施以黄釉。

88. 黄釉灶

汉代
高 8.3 厘米 长 17.2 厘米

泥质红陶。灶面略呈半椭圆形，前端有方形灶门，上有向前凸的灶方遮檐。灶面上前部有两个并排的灶眼，一个灶眼上置有陶釜，另一灶眼上的陶釜已失不存。后部正中有一较大灶眼，上置一陶釜。灶尾有烟道。灶台上以图案示出刀、台、鱼、火钩等物。前面有网格纹，左侧有一侍女，右侧为水缸。古人在很多器物上用纹饰暗示一些道理，如此处暗示水缸为救火之物，也喻示灶台是家中易火之处，不可不防。通体施以黄釉。

89. 黄釉豆形熏炉

汉代
高 10 厘米 底径 14 厘米

泥质红陶。敛口，有子口，可扣盖，鼓腹，高足。有盖，盖已失。下为承盘，盘折沿，弧腹，平底。盘底无釉，上部均施黄釉。盘中有裂纹。

90. 红陶卧牛

汉代
高 11.4 厘米 长 18.3 厘米

泥质红陶。扬颈，昂头，嘴前伸，作张口状。前肢曲肢而卧，牛尾略显。手工捏制，以刀修成，造型准确，悠闲传神。后世很难再造出如此简捷、有力之神牛了。

两晋南北朝时期河北古陶之辨伪

战汉时期鉴定河北古陶的"望、闻、听、摸"四字基本要素，在两晋南北朝时期的古陶辨伪中依然适用，在此不再赘述，仅就该时期一些需注意的要点分述如下：

第一，两晋时期由于国家禁止厚葬，故该时期的古陶略显古拙、简单。若出现复杂器物，应多加小心才是。

第二，由于统治者的提倡和喜爱，北朝时期河北各种俑的制作进入鼎盛时期。该时期的主流社会以逼真为美，战汉以前以神韵为美的审美观不再流行。在北朝时期各种俑上面均能看到这种审美观的影响，例如将军俑和人面镇墓兽中人面五官、胡须等；男女俑的服饰，马、牛俑上的辔饰、叶片等等，均一丝不苟。赝品则很难企及。

第三，河北邺城在北朝时期为都城，政治、经济、军事、文化等均从此地幅射到全国。而此时的俑多为皇亲国戚所有，精致而不计成本是其重要特征。例如贴金和用彩者甚多，完全是皇家气派。赝品则因成本之问题而显拮据。

第四，为加强腿、膊等处的力量，河北工匠尝试在上述部位中加入铁丝。由于铁丝膨胀致使腿部出现裂口的现象非常普遍。而这种现象仅出现在河北，其他地方之俑并不常见。故这也是判定马、驼、牛、驴等动物俑是否为真之依据之一。

总之，从细节处体会北朝作品之风格，方是断定两晋南北朝俑之真赝的关键。

91. 灰陶马

晋代

高 22.9 厘米 长 25.7 厘米

泥质灰陶。扬颈，低头，竖耳，凸目，闭口，尾飘扬下垂。体肥健，矮腿粗壮，背上置有鞍鞯，与汉代人识马方式不大相同，系蒙古马种形象。

汉代马中尚未看到鞍的形状，这在河北古陶马中首见。往后的北朝陶马中多有鞍，固此，鞍的出现应在东汉晚期或两晋时期。

两晋时期，由于曹、司马两家皇帝均反对厚葬，故此留下的文物甚少，制造工艺也大不如汉代。尽管如此，工匠们仍能抓住马的神韵，其古拙之美后世难以企及。

1999 年，邢台文物管理处在一座曹魏时期砖室墓中发现陶鞍马一匹，与此马相仿。

92. 彩绘灰陶兽形镇（一对）

晋代

高 6.1 厘米 长 19 厘米

泥质灰陶。秉承了汉代兽镇的特点，刻画较为细腻。嘴部有所变化，外呲的牙齿被利齿和外吐的舌头所替代。

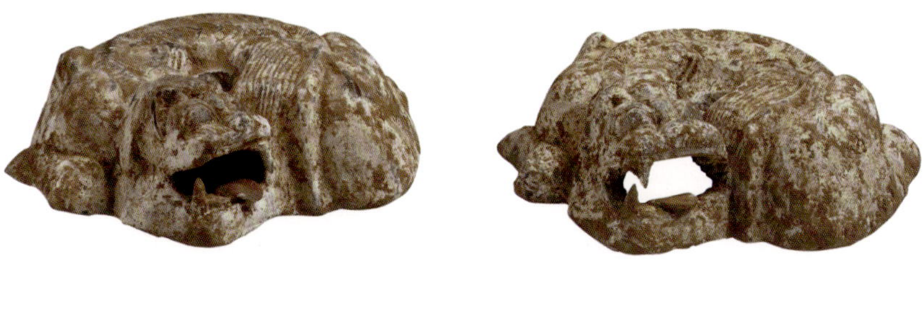

93. 灰陶俑（一对）

晋代
高 22.5 厘米（左）、22.8 厘米（右）

泥质灰陶。大眼眶，高鼻梁，戴平顶帽，是为胡人形象。身着交领右衽窄袖衣、宽裆裤，双腿分开站立。双臂弯曲，怀抱于胸前。此俑与前述的陶马为一坑。2008 年笔者在市场上见到另一批晋陶俑，马和人俑与此处相同，尚有牛拉车一套。

94. 灰陶牛车

东魏
高 20.4 厘米 长 35.3 厘米

泥质灰陶。立牛，健壮有力。车轭搭于牛身，车轮硕大。长方形车厢，卷蓬顶，门朝后开。

95. 彩绘灰陶牛拉车

东魏
高 31 厘米 长 33 厘米 宽 28 厘米

泥质灰陶。底部有陶板，牛和车均置于其上。枣红色牛昂首挺脖，雄壮有力。背饰辔铃，腹饰杏叶。弧形象牙状车辕挂于牛身。车轮结构清晰，每轮上有突出的十六根辐条，毂似葫芦，车轴外侧有黑色车軎，未见车辖。车厢黑色，后面开门，前面用格栅式的窗棂，顶棚呈弧形，前后伸出。该车装饰豪华、结构准确、比例适度，是南北朝牛拉车雕塑品中的极品。

《晋书·舆服志》记载："自灵、献（帝）以来，天子至士庶遂以为常承。"故此，南北朝时也沿用汉末习惯，达官显贵们出行均选用牛车作为出行工具。此俑即为当时皇亲贵戚们的豪华车驾模型。

96. 彩绘灰陶马

东魏
高 33 厘米 长 27.7 厘米

泥质灰陶。曲颈，低头，竖耳，圆目，口微张，四足有力，立于长方形泥板上。马胸前有缨络，背及后部鞍桥、障泥、后鞦具全。马头缨络、障泥饰有白彩，造型古拙。

从北朝开始，动物俑（马、牛、骆驼等）均置于长方形或菱形泥板上，便于安稳摆放。另在腿、尾等处，为加强支撑度，往往插有铁钉。铁钉锈后膨胀，故在腿、尾、头等部经常裂开而露出锈铁物，这也是判断器物时代的一条依据。但洛阳等地同时代之物则多无铁钉。

97. 彩绘灰陶卧驼

东魏

高 27.4 厘米 长 26 厘米

泥质灰陶。驼扬颈，竖耳，昂首，凸目，宽鼻，口微微张开，颈前披鬃。前腿弯曲跪地，背负行囊、粮食、水（酒）壶、途中猎物（兔、雁）等。后腿站立，短尾向上翘扬，眼、鬃、大雁等均用墨彩绘之。造型之准确、气韵之生动，无大漠之经历者难有此创，堪称绝唱。

98. 灰陶劳动女俑

东魏
高 11.8 厘米

泥质灰陶。梳平字发髻，神情专注。穿褶裙，外套窄袖衣衫。半跪，呈劳动状。

99. 彩绘灰陶女俑

东魏
高 22.2 厘米

泥质灰陶。梳高髻，露颈。穿交领广袖红衣，腰系红白相间的百褶长裙，微露足履。

两晋南北朝时期产生了中国传统上的第二种美女，其特征是：讲究发饰（据笔者统计彼时发型有二十多种，大大超过战汉时期）；以露肩、长颈为美（此与战汉时大不相同）；上衣下裙变化多端。西晋时，曹植在其著名的《洛神赋》中曾有过精彩的描述："（河洛之神）秾纤得中，修短合度。肩若削成，腰如约素。延颈秀项，皓质呈露。……云髻峨峨，修眉联娟。……披罗衣之璀璨兮，珥瑶碧之华琚。"

100. 彩绘灰陶踩春女俑

东魏

高 19 厘米

泥质灰陶。梳丫字发型，表情从容。上着红色右衽窄袖短衣，下着褶裙。右腿微抬，右手撩裙，右履显露，左履微露。此为踩春女劳动之场景。

南北朝时期，战火连绵，因此我们看到的更多的是武士俑。然而，人们对和平、安详日子的向往是永恒的。这些女俑就像疆场上的芳草，寄托着人们对和平的向往之情。

101. 彩绘灰陶端坐女俑

东魏
高 21.8 厘米

泥质灰陶。头盘双髻，神情专注，露颈。着左衽上绿下红长裙，左手提裙，右手抚膝，足履微露，呈现出一种坐姿。

北朝女俑，仅发型就有二十余种，开女性发式多元化之先河。头饰、衣纹甚是精彩，纹理刻画有度，令人赏心悦目。

102. 彩绘灰陶端坐女俑

东魏
高 28 厘米

泥质灰陶。盘单高髻，面容可亲，露颈。穿圆领内衣和黑边有花左衽衣衫，腰系带。下着赭红色长裙。右腿抬起，双手叠压于右膝上，呈端坐状。

103. 彩绘灰陶贵族女俑

东魏
高 21 厘米

泥质灰陶。高发髻，面容丰满，长颈露肩。着圆领内衣，红色广袖内衣置于百褶裙内，腹部微隆，扎腰带。足履微露。

据笔者观察，北朝女俑大致分两类：第一类为贵族女俑。有吏俑、贵妇俑两种。其特点是发饰讲究或戴有笼冠，腹部隆起，上衣置于下裙内。第二类为劳动女俑。此类样式较多。其特点是发饰简单，腹部平坦，上衣在下裙之上。

104. 彩绘灰陶笼冠女俑

东魏
高 21.8 厘米

泥质灰陶。头戴黑色笼冠，前额头发微露，面目清秀，露颈。穿圆领内衣，着窄袖右衽红色上衣，下系红蓝褶裙，褶裙垂地，不露足。左臂露手下垂，置于左腿之侧，右臂微微弯曲，右手置于右膝之上。姿态轻盈，气质高雅。北朝上衣下裙的服饰对后世影响很大，至今我们依然在生活中能够看到这种影响。

此俑的抬脚姿态，有人认为是在踩春。苏州大学张鹏川教授认为这是从西亚传进来的、在贵族中很流行的坐姿。我支持张教授之说，因为一个高官贵族穿锦戴冠去踩春辗米是难符生活实际的。故此俑是中国妇女为官形象之首观。

105. 彩绘灰陶风帽俑

东魏
高 23.7 厘米

泥质灰陶。头戴红色风帽，帽帔护耳垂肩，面部是鲜卑族模样。内着红色宽衣博带广袖长袍，长袍垂地，双手隐藏于袖中，置于胸前。脚穿笏头履，外披毛质风袍。从此俑鲜卑族人穿汉服之情形，可知北魏孝文帝推行汉化的举措已落到实处。

北朝时期的河北，可以说风光无限。由于曹魏长期经营邺城（今河北磁县和河南安阳市的交汇处，在漳河两侧），加之东魏、北齐均建都于此，故彼时之邺城乃我国屈指可数的大都市之一。历来首都之地必有精品，北朝皇陵陶俑可说是中国雕塑史上难得之宝物。为后世留下了各民族的“形象”，可推知民族大融合、文化大融合（指中原文化和草原文化的融合）的原始状态。此外，由于当时统治者（鲜卑族）审美情趣的别样需求，写真求实的塑造手法成为主流。今日写实的创作（如工笔绘画等）可溯源于此。

106. 彩绘灰陶持盆女俑

东魏
高 13.8 厘米

泥质灰陶。梳元宝髻，面容可亲。内穿圆领褶裙，外罩宽领绿色短袖镶红边长衣，长衣两角边在后腰部扎结。呈半跪状，双手持盆（有残）。此俑外衣两角在后腰部结扎与褶裙刻画生动，在北朝俑中较少见。

107. 灰陶武士俑

东魏
高 20.5 厘米

泥质灰陶。头扎小巾。着交领左衽半袖长衣，腰系双带，带末端下飘，下穿袴。左手下垂，右手呈执物状。

108. 彩绘灰陶按盾武士俑

东魏
高 45.2 厘米

泥质灰陶。头戴兜鍪，顶脊宽带凸起，额前有冲角，顿项垂至颈部，左右两侧顿项外又各饰两个长方形耳护。身着窄袖上衣，下着裤，足蹬履，站立于托板之上。外着铠甲，铠甲较长，护至腹部。胸部前后各有两个圆形护心。肩部有圆领护颈披膊甲，护颈披膊甲由颈下圆带和腰间圆带从胸前上下用两条竖圆带相连，两端呈花瓣形扎结，腰系宽带。右臂弯曲，以手托盾，盾中部饰有兽面纹。兽面纹上下中间饰有凸直线纹，将盾面分成四部分，其上各饰以武术动作（或套路）的人物形象。右臂下垂，手握拳，拳中空，所持之物已失。兜鍪施以红彩，多剥落。面部、铠甲，披膊甲及手施以白彩部分可见，其余彩绘剥落不佳。

109. 彩绘灰陶贴金按盾武士俑（一对）

东魏
高 70 厘米

泥质灰陶。头戴红色兜鍪，顶脊下凹，饰有宽带，顶脊宽带及兜鍪边缘饰有红色圆珠纹。武士额前有冲角，顿项垂颈，顿项上有双层长方形耳护。内穿窄袖衣，外披铠甲，腰系宽带，前后各有两个椭圆形护心。肩部有圆领护颈披膊甲。下着裤，足蹬履，站立于托板之上。右前臂曲臂上举，手握拳，拳中空，系持之物缺失不存。左手按盾，盾牌上有兽面和凸直线纹。颈和腰间结缚带，上下结处贴金，盾牌兽面上也贴金。肩部和腰部铠甲各系叶状饰物。饰有红彩和白彩。头顶、肩、右足前共有 5 孔，应为插饰物用。体形硕大，造型生动，为北朝俑中之极品。

110. 彩绘灰陶武士俑（一对）

东魏

高 24.5 厘米（左）、24 厘米（右）

泥质灰陶。戴平巾帻，穿圆领红色内衣，下穿袴，足履微露于外。外着翻领右衽短袖赭红色长衣，腰系带，带下至衣边之处饰有红色网纹装饰。左臂下垂，手抚于腿侧，右手稍向内曲，抚于腿的前部。此像一胖一瘦，一高一低，凛然军风，足可现也！

111. 彩绘灰陶负箭箙俑

东魏
高 25 厘米

泥质灰陶。头束发，头前系护额甲，甲带在脑后系结牢固。面容英俊，汉人像。着红色圆领广袖上衣，袖口有系。双手下垂，贴于大腿两侧。外罩白色札甲，腰系白带，带末端微上飘，带上饰有红色圆珠纹。背负红色箭箙，箭箙中部饰有白彩纹饰。下穿袴，足履微露。

112. 灰陶胡人俑

东魏
高 19.1 厘米

泥质灰陶。戴小帽，头发盖额，深目高鼻，西域人形象。右臂弯曲上举，左臂弯曲置于腹前。着圆领窄袖长袍，腹大下垂，其下扎带，下穿裤，着黑色尖顶靴。此俑极具特点，将西域人来东魏时的场景表现的维妙维肖。

113. 彩绘灰陶胡人俑

东魏
高 22 厘米

泥质灰陶。头戴瓜皮帽，帽上饰有白色连珠绣饰。脸色沉峻，深目高鼻，系来自西域的胡人模样。内着圆领内衣，外着红翻领、赭红色窄袖衣袍，腰扎带，下穿绔。左臂弯曲，抚于腰间，右前臂上举弯曲，手呈背物状。

114. 红陶端箕俑

东魏
高 14 厘米

泥质红陶。梳元宝高髻，脸漫漶不清。内着圆领衣裙，外披短袖敞襟上衣，跽坐，双手端箕。

115. 红陶持盾俑

东魏
高 23.5 厘米

泥质红陶。头较大，戴小冠，鲜卑族面相。内着圆领上衣，下着袴。外罩交领广袖长襦，腰系带，足履微露。左手持盾，右手紧握，所持之物已失。

116. 彩绘红陶持盾俑

东魏
高 24 厘米

泥质红陶。戴云头小冠，胡人相貌。内着交领红色内衣，外罩广袖绿领红衣战袍，下着袴。右手紧握，中有圆孔，持物已失，左手持盾。履微露。

东魏和北齐俑区分较难，主要原因是两朝相距甚近，统治者也有渊源，故两朝器物型有重叠。一般而言，北齐之物大而精，东魏之物小而拙。对博物馆中无标准器可对比者可用此法，但一般当以博物馆有准确出土地之物为标准。

117. 彩绘人面镇墓兽

北齐

高 45.7 厘米 长 33 厘米 宽 18.5 厘米

泥质灰陶。人面，头发向上盘起，梳平头髻。浓眉大眼，高鼻，粉面红唇，嘴上八字须，嘴边须至腮，侧面须连头发，神情严峻。兽身中空，前足直立，后足呈蹲状。背上立三撮鬃毛（已残）。尾向上贴身翘起。眼睛、胡须和头发用墨彩绘制，背部以红彩绘制纹饰。底下有托板。

118. 彩绘狮面镇墓兽

北齐
高 48 厘米 长 27.5 厘米 宽 18.5 厘米

泥质灰陶。狮首，顶部有双耳双角，凸目，方嘴，阔鼻。兽身中空，背上立三撮鬃毛。前肢直立，后肢弯曲，尾向上贴身翘起，呈蹲状。眼睛、鬃发用墨彩绘制，背部以红彩绘制纹饰。底下有托板。

119. 灰陶仪仗俑

北齐
高 19.5 厘米

泥质灰陶。头扎巾。身着长衣，外披圆领风衣，风衣上打结，下摆用手捏住，下着袴。双手上、下紧握，中间有孔，所持原物不存。

120. 彩绘灰陶仪仗俑

北齐
高 19 厘米

泥质灰陶。头戴风帽，内着交领右衽上衣，外披圆领红色风衣。双臂迴曲于胸前，双手提起风衣两角，双手上下紧握，呈捧物状，估计所举之物是旌旗。下着裤，足蹬靴。此俑显然与后述吹哨俑同出一处，姿态迥异，可见当时工匠造型能力之强。

121. 彩绘灰陶吹哨俑

北齐
高 19 厘米

泥质灰陶。头扎巾，巾在脑后系于发髻上。脸部漫漶不清，眼珠突出，鲜卑人形象。着红色交领广袖衫，腰扎带，下穿袴。左手放于口部，呈吹哨状。

此俑所表现的形象极稀少，国内博物馆中尚未见到。说明两个问题：第一，至迟在北齐时代，哨子已经出现。第二，北齐的仪仗队，行进时已经用哨子统一步伐。

122. 彩绘灰陶女仆俑

北齐
高 17.2 厘米

泥质灰陶。梳丫字髻，面目可爱，长颈。着红色圆领内衣，外罩广袖交领左衽长衣，下着袴。双臂弯曲，双手隐于袖内交拱于胸前。衣袖端饰有红色环带纹。形如恭敬听命的样子。

123. 彩绘灰陶文吏俑

北齐
高 21.5 厘米

泥质灰陶。头戴小平巾帻，神情庄重。着枣红色交领左衽广袖长衣，扎白色腰带，下着袴。足蹬履，双手捧握。文吏形象，跃然眼帘。此俑汉装之彩，乃是陶俑烧出后，画彩再次低温烧成，俗称“油彩”，颇结实。

124. 彩绘灰陶文吏俑

北齐
高 21.3 厘米

泥质灰陶。头戴小冠，眉宇间透出堂堂英气，汉人形象。着广袖圆领红色上衣，外披“两裆衫”，胸部有近长方形白色衬衫，上有红色纹饰，惜多剥落不清。腰系红、白相间的腰带，下穿袴，履微外露。这是汉人着汉服的文吏形象。

125. 彩绘灰陶贵族女俑

北齐
高 21.5 厘米

泥质灰陶。梳元宝高髻，脸部黝黑。内着圆领白色内衣。外着红色交领左衽窄袖长衣，下穿红白相间褶裙，腰系白带，腹部隆起。左臂下垂，手贴于腿部。右前臂上曲，右手呈握拳状，置于胸前，拳中空，所持原物已失。足履微露。此俑之黑脸耐人寻味，似为化妆所致。

126. 彩绘灰陶笼冠女俑（一对）

北齐
高 24 厘米

泥质灰陶。两俑形制相同，戴笼冠，面容丰满。内着红色圆领白衣，外着红色广袖交领褶裙，裙端微上飘，显露出内着长衣，腰系宽带。左臂下垂贴于腿部外侧，右前臂弯曲置于腹部，手呈握物状。腹微隆，足履微露。雍容华贵，款款多姿。

127. 彩绘灰陶笼冠俑

北齐
高 23 厘米

泥质灰陶。头戴黑色笼冠，面容祥和。高颈露肩，着红色窄袖交领左衽长衣，腰系带，腹微隆起，下系红白相间两色褶裙，足履微露。左臂下垂，前臂稍向内曲，手抚于腿部。右前臂向前弯曲，手置于胸前，呈握物状。

128. 彩绘灰陶持盾武士俑

北齐
高 23.2 厘米

泥质灰陶。头扎巾，眉清目秀，八字须，朱唇。汉人形象。内穿圆白领红色内衣，其外罩交领红边白色窄袖长袍，长袍至膝。再外套绿色战袍，腰系红色腰带。下着白色长裤，膝下有绑带，足蹬履。右手团握，呈持物状，左手持盾。英武之气，一览无余。

陶俑之美，在于立体式记载当时的社会状况，令今人可跨时空与古人对话，其喜怒哀乐、衣食住行，一览便知。宋代以后，河北陶俑不复存，对话仅在画面和文字层面上，岂不是憾事？

129. 彩绘灰陶按盾武士俑

北齐
高 41 厘米

泥质灰陶。头戴红色兜鍪，顶脊宽带凸起，额前有冲角，顿项至颈部。左右两侧在顿项外又各加一两层长方形耳护。内着窄袖上衣，下着裤，足蹬履，站立于托板之上。身披铠甲，铠甲较长，护至腹部。前后各有两个椭圆形护心，护心中部饰以红彩，红彩上饰有四片叶状组成的十字形白彩图案，白彩上饰有黑色珠纹，红彩外饰一周绿彩环带纹。腰系宽带，肩部有圆颈护颈披膊甲。左臂弯曲以手按盾，盾中部饰有兽面纹，兽面纹上下饰有凸直线纹。右臂下垂，手成握拳状，拳中空，所持原物不存。武士俑脸部、手部饰白彩，札甲、披膊甲本可能均饰白彩，惜多剥落。

130. 彩绘灰陶甲骑具装俑（一对）

北齐
高 28 厘米 长 23 厘米

泥质灰陶。武士骑马，表情从容，马昂首立于板上。武士头戴兜鍪，侧面有带护耳的顿项，着圆领铠甲。左肩斜挂红色披风，披风腹间打结。下有衣褶，甚是精细！武士左手持缰绳，右手紧握呈持物状，双脚踏镫。马有甲具，头部只露嘴、鼻、耳，甲具上白色底部用黑红彩绘制。鞍蹬齐全。此种俑甚少，色彩如此者属珍品。

131. 彩绘灰陶胡人俑

北齐
高 20.5 厘米

泥质灰陶。头戴小帽，头发较长，微卷曲。深目高鼻，系西域人形象。内着圆领内衣，外着左衽窄袖红衫，腰系带。下着袴，足履微露。左手紧握，前臂上举，右手置肩部紧握。

132. 彩绘红陶驮包驴

北齐
高 16.7 厘米 长 22.8 厘米

泥质红陶。头前伸，竖耳，圆眼，闭嘴，扬颈体肥，四腿有力，踏于长方形托板上。驴背上有障泥和鞍，鞍上置有包状物。通体施以白彩，然后再施以红彩。红彩多剥落，仅见驴嘴上饰有红彩兜嘴。造型生动有趣，充满生活气息。

133. 红陶牛

北齐
高 29.6 厘米 长 36.2 厘米

泥质红陶。牛颈粗壮，头向前伸，竖弯角，竖耳，凸目，宽鼻，阔口，前肩凸起，凹腰。牛体粗壮有力，四蹄踏于长方形陶板上。此件只简单捏制，便将其壮硕、力大无穷的形象刻画出来。笔者称之为“北朝神牛”。

134. 红陶观音立像

北齐
高 25 厘米

泥质红陶。头后有头光，头光上无纹饰。头戴宝冠，冠下缘两侧饰宝珠和系冠飘带。额正中亦饰宝珠，弯眉细目，嘴角稍深，微含笑意，面容慈祥。双耳贴面，下饰长椭圆形耳珰。颈部饰有项圈形装饰。身着圆领紧身上衣，佩连珠纹项圈和缨络。右手持花放于腹部,左臂下垂手提净瓶，双腕戴镯。下身着裙，腰系带，赤足微露立于圆形底座上。底座呈双层圆台状。腰部有损，后修。

135. 彩绘红陶贵族揽裙女俑

北齐
高 21 厘米

泥质红陶。单高髻（微损）,面目清秀,长颈。内着圆领内衣，下着褶裙，腰系带，外着红色交领左衽广袖长衣,小腹隆起。左臂下垂,右手揽裙。

136. 彩绘红陶按刀武士俑

北齐
高 18 厘米

泥质红陶。戴黑色风帽，帽帔护耳至肩，面容饱满。着红色圆领窄袖长袍，腰扎带，带下垂，带端有囊形佩饰。右手扶刀，左手所扶之物不详。露足履。

137. 彩绘贴金白陶枣红马

北齐
高 30 厘米 长 29 厘米 宽 22 厘米

泥质白陶。曲颈，竖耳，低头，张口，长尾下垂，体肥健、四足有力，立于长方形泥板上。马通体呈枣红色，头部有红色笼头，胸处挂缨络，鞍桥、障泥、后鞦具全。障泥外侈，微上翘，饰白彩。鞍桥下部似有软垫，两侧有白带包边，至软垫中部两带打结下垂。后鞦圆铃整齐排布。笼头上的节约、缨络、圆铃等处尚余贴金。枣红马、大红鞍，加上金光闪闪的饰金，刻画出威风凛凛、令人心仪的宫廷御马形象。

在茹茹公主墓壁画上，此种装饰的马被用于宫中仪仗队中。2008 年笔者曾在拍卖会上见过一张北齐石刻像拓片，里面也有该种马的形象，可见此马系宫廷御马无疑。

北朝的统治者鲜卑族来自草原，马对他们而言再熟悉不过了。他们的要求和河北汉人工匠们高超技艺的结合，才创造了如此壮美、不朽的作品。白陶在北齐时期已被创造出来，它对后世河北陶瓷的影响深远。

138. 白陶佛指

北齐
高 2.6 厘米至 4.8 厘米

泥质白陶。指如竹笋，指尖似玉，小中见大，逼真神似。

北朝时期，河北是佛教传播的主要地区。北响堂山在北齐时期为皇家寺院。史载，邺城在北齐、北周时期有大小寺院近 8000 座，沙弥（和尚）近 70 万，可见当时香火的繁盛。

至北周武帝毁佛，玉石共焚。估计此佛像即毁于此次浩劫。依佛指推算，此佛像连座带背光应在 2.3 米左右，如今只剩四指，怎不令人扼腕痛惜！

139. 白陶佛像

北齐
通高 27.2 厘米

泥质白陶。由仰覆莲复瓣式圆形束腰像座、桃形头光并结跏趺坐佛像组成。头光中部饰两周凸弦纹，内填以珠纹，内凸弦纹内饰一周较大的珠纹。结跏趺坐佛像坐在仰覆莲式圆形束腰像座上。佛像束发，头戴宝冠，面相长圆丰润，弯眉，两目微睁，鼻梁挺秀，上唇较厚，嘴角稍深，微含笑意。双耳贴面下垂，颈有凸纹装饰。前胸袒露，身着“U”字领袈裟，衣纹褶皱层次清晰，线条流畅。右臂曲肘上举，右手从袖中露出，手掌向内上举，五指自然向上伸展，微分开。左手从袖中露出掌心向下，五指并拢伸展，抚于左膝处。佛像呈“说法印”状。底部为八角形基座，上承仰覆莲式圆形束腰像座，束腰为八棱矮柱。莲花台由数层组成，有仰覆莲花瓣。

2006 年某县在工程施工中，挖出一些白陶佛残件，大部分是身与座处被砸断。这可是我国佛教史上最早可移动的佛塑像啊！其珍贵程度不言而喻。当笔者第一次看到时，其精美带来的内心震撼，几乎不能自已。当时笔者也很困惑，为什么这些佛像系人为所毁，却未损坏面相，只在中间或下层分开？另外，为何毁完后摆放错落有致，以保护佛和观音的面相？两年后，在我读青州石雕佛像群发现者的著作时，方明白这是北周武帝下令毁佛时，僧人和信众为保护这些佛像而采取的措施。

140. 彩绘白陶胡人俑

北齐
高 18.6 厘米

泥质白陶。头发盘至脑后，深目，高颧骨，胡人模样。着红色窄袖衣袍，腰扎带，足蹬靴。左手置腹部，前臂上举，右手团在肩部，似在背物。

141. 彩绘白陶胡人俑

北齐
高 19 厘米

泥质白陶。头发结小辫盘于顶。浓眉，深目，高鼻，面带微笑。着桔红色圆领衣衫，红色衣袍扎结于腰间。左臂弯曲，手抚于腰间，右前臂向上弯曲，手握拳置于胸前。足蹬靴。形象鲜活。

142. 青釉仰覆莲莲花尊

北齐
高 42 厘米 腹径 24.2 厘米

泥质白陶，陶胎灰白细密。敞口，平沿，圆肩，颈部上粗下细。椭圆形腹，高圈足。颈肩相交处四个双泥条形系。颈部七道弦纹将颈部分成上下两区，每区内贴四个模印宝相花，四系之间贴塑四个多边宝相花。肩部堆贴两层菩提叶和仰覆莲瓣。上腹部饰一周菩提叶及仰覆莲，下腹部贴塑两层宝石，上小下大。足部堆塑两层仰覆莲瓣，莲瓣丰满肥硕。下面覆莲瓣尖，向外微卷。本器集堆塑、贴塑、印花、剔花等工艺之大成，釉色淡黄中泛绿，丰满肥厚，烧成温度高，堪称中国瓷器之始中的绝品。

143. 青瓷碗

北齐
高 9 厘米 直径 8.7 厘米

青瓷。口微敛，圆唇，深腹，饼足。内外有釉，釉水肥厚，有开片，底足露胎。是瓷器早期之物。

144. 北朝俑阵（展厅实景）

北朝
俑阵高 60 厘米 长 241 厘米 宽 141 厘米

两晋南北朝时，皇亲贵胄们出行以牛车为主。前有马、驼、驴等驮运所用物资，并有甲骑开道，后有仪卫、男女官吏、侍女等簇拥。旌旗阵阵，鼓乐声声；浩浩荡荡，尘埃蔽日。

本阵参照洛阳博物馆杨机墓制而布置，共计展出各种俑 75 件(套)。其中的贴金马俑、镇墓兽、牛拉车俑均为难得珍品。人俑几乎囊括了从东魏到北齐间的各种形制。是北朝时贵族出行的生动写照，令观者有时光倒流之感。

隋唐时期河北古陶之辨伪

前述战汉时期河北古陶辨伪之“望、闻、听、摸”四个基本要素，仍是判断隋唐时期河北古陶之主要关注点，另需注意一些时代特征。

关于隋陶

第一，隋代陶器重新拾起了战汉时期的写意风格，北朝时期注重写实的风格已基本放弃。这可以从武士俑和舞乐俑中得到印证。北朝特别注重的发饰、衣饰等，在隋俑中则不再强调。

第二，隋代青瓷是研究隋代陶瓷必须予以关注的类别。该时期河北青瓷釉色肥厚，开片极其漂亮，器形也别致多样。图例中青瓷龟形虎子即是典型代表。另外，青瓷釉上彩武士俑和镇墓兽等采用的工艺也值得研究。青瓷的真伪判别方法与汉绿釉相仿，其中开片不均，大小不一，大片中套许多小片者多为真器；而开片均匀，大小一致，无套片现象者多为赝品。

关于唐陶

第一，大唐的强盛和包容给河北唐陶注入了无限活力，就其审美观而言，唐陶既继承了战汉陶的写意方法，也继承了南北朝陶的写实方法，进而有创新，将两种方法融会贯通，创造出大气磅礴的唐陶。这种傲视天下的气势，非后世造假者可体会到，故判别唐陶，应特别注意从体会这种气势入手。

第二，河北唐陶，以邢窑白陶为最佳者。邢窑白陶胎质细腻，特别适合雕塑。真正的邢白陶，比重较大，拿起来压手，份量比一般同等大的陶器要重三分之一以上。假邢窑白陶，由于造假者找不到优质材料，造出后白度达不到唐邢窑的标准，故往往掺入白水泥等，而这势必影响陶的比重，故仅重量一项对造假者而言就是难以逾越的难题。

邢窑唐白陶中含铁量较高，经千百年岁月，遇水会形成水锈斑，很难除去。一般马、牛及俑内部及下部经水淹过的地方，均会呈铁褐色，触水时间越长，颜色就会越黑。这种水锈斑，由内而外渗出，故渗入陶内较深，假造的水锈斑则浮于表面，有经验者一眼便可认出。

邢白陶多处于今邢台地区，由于土质等因素，邢白陶上会形成另一种碳酸钙的结斑，成片，甚硬，有些用刀都除不下来，除非连皮拔出。这也是辨识唐邢白陶的特征之一。

邢窑唐三彩的辨伪

第一，器形

由于唐代法律的规定等原因，邢窑唐三彩目前为止从文物部门到民间收藏家手中能看到的器形为：盘、执壶、盏、杯、茶炉、瓶、炉、尊、熨斗、脉枕等，即一般以小件为主，似天王俑、男女大俑、马俑、牛俑、驼俑等陕洛地区常见器形较大之物尚未见到。邢唐白陶中有马、驼等体形较大者（高者可达60余厘米），但未见有三彩者。

第二，胎和釉

邢窑唐三彩胎质为泥质白陶，胎质极细，加上唐三彩多为达官贵人所用，故工匠用料讲究，省泥次数多，时间长，故胎质看上去白嫩细腻，与陕洛大不同。细腻的胎质不用太多釉即可覆盖，故邢窑唐三彩釉面一般较薄。绿色呈翠绿，陕洛的则呈墨绿色，赭黄色一般保持原彩，不脱色，颜色也较陕洛的浅些。其他彩如蓝、白彩则与陕洛的相近。

第三，开片

邢窑唐三彩存在大量冰裂纹（开片），开片与河北隋青釉相仿，大片呈无规律状态，大片中套小开片，也无规律可循。开片口部冲外。

第四，泛银

局部由内向外泛银，晃动时泛银处可见蛤蜊光。人为做上去的泛银看上去较均匀，真品则很自然。

第五，陶质

详见本文前部“关于唐陶”一节，不再赘述。陶质不对者为赝品无疑。

145. 灰陶“天人博弈”砚台

隋代
高 5.6 厘米 边长 13.7 厘米

泥质灰陶。方形，砚面有插笔孔和留墨池，后刻“天公人五”博弈图。四角有矮方足，方足底有十字形阴线，并有五个圆形孔，一个居中，位于十字形阴线交会中心，其余四孔位于方足底部之四隅。侧有刻款“开皇二十年张贤仕记口石辛亥日此石不好口人莫咲也”。

146. 彩绘白陶狗

隋代

高 7.7 厘米 长 16.7 厘米

泥质白陶。狗呈卧态，扬首，竖耳，注视前方。前腿、后腿均伸出向前作伏卧状。长尾弯曲上翘，似准备跃起。通体施白彩底黑花彩，头部施黑彩。造型、神态俱佳。

147. 彩绘白陶文吏俑（一组）

隋代

高 23.1 厘米（左、中）、22.6 厘米（右）

泥质白陶。头戴冠，着宽袖红色上衣，下穿白色长裤。双臂弯曲，置于胸前。双手紧握，中空，所持原物已失。

148. 彩绘白陶武士俑

隋代
高 30.7 厘米

泥质白陶。浓眉大眼，唇涂红色，口微张。头戴兜鍪，无耳护。内穿窄袖衣，外着铠甲，铠甲以墨色绘出。左手平举（已残），右手执腰带。下着红袴，黑色靴。

149. 彩绘白陶骑马俑

隋代
高 29.8 厘米 长 26.5 厘米

泥质白陶。马身髹黑彩，胸、鬃髹白彩。前腿直、后腿弯曲，腹中留空，有鞍。一人骑马上，前臂向上弯曲，手端有孔，所持之物已失。

至隋代，陶马的制作与前代迥异：腿部两两制做，活动。腿根内侧均有编号，如“十八”等，两两相同，按编号安装。安装时需两人配合，安好后非常结实。此形仅隋代所见。

150. 彩绘白陶吹奏俑（一组）

隋代
高 24.9 厘米

泥质白陶。一组六件，其中有吹、弹、击者，为一组乐队的安排。着黄、灰、绿衣，腰扎带，下穿玄靴，背后平直。足心至腿有孔，估计原来与木板相连。

151. 彩绘白陶弹奏俑（一组）

隋代

高 15 厘米（左）、16.5 厘米（中）、14.5 厘米（右）

泥质白陶。组俑中的两侧女俑梳高髻，着窄袖灰色上衣，下穿红裙，跽坐。中间女俑头扎巾，着窄袖红色上衣，下穿灰色裙，亦跽坐。三人手（两侧有残）中均有物，应为乐器，惜已失。

152. 彩绘白陶舞蹈俑

隋代

高 21.9 厘米（左）、22 厘米（右）

泥质白陶。高发髻，脸庞圆润，颈长。着窄袖无领上衣，下穿长裙，露足。呈翩翩起舞状。

153. 彩绘双人面蛇身俑

隋代

高 9.5 厘米 长 24 厘米

泥质白陶。双蛇身弯曲，相互缠绕形成一体。双颈在两端扬起，双首作人首状，头带平巾帻，人面，两首作对视状。此形自隋始见，应与隋代人多子多福的观念有关。

154. 青瓷釉上彩武士俑（一对）

隋代

高 44.7 厘米

白陶胎。头戴盔，有耳护，披护肩，上身穿甲，自颈至护心下系带，护心和甲装左侧贴金。右手举起，握拳，中空，所持物已失。左臂放于腰间，拳状，中空，所持物已失。盔甲以上部分有釉，釉色青中泛黄。腿上部亦流有釉，釉上用红彩髹绘。

155. 青瓷釉上彩人面镇墓兽

隋代
高 37.2 厘米

白陶胎。人面，面目冷酷，头上有角，蹲踞于平台上（有残）。前腿直立，后腿蹲。通体施釉，身上有彩。

156. 青瓷釉上彩狮面镇墓兽

隋代
高 37 厘米

白陶胎。头上双角立起，怒目圆睁，嘴呈吼状。蹲踞于平台之上，前腿直立，背部竖起三撮鬃毛，尾上翘。通体粿青釉，腹、腿上施黑红彩绘。

157. 青瓷“食库”款仓罐

隋代

高 29.5 厘米 直径 22 厘米

陶胎。直口，平沿，短颈，圆肩，深腹，平底，有盖。盖圆形歇山顶，脊中央有脊饰，脊饰呈圆形瓦当状。两端有鸱尾，脊博风板下的山面为透空通风窗。殿顶铺瓦，檐前筒瓦和垂脊筒瓦饰莲瓣纹图形瓦当，四条垂脊上有角形垂脊饰。肩部亦铺瓦，形制与盖顶铺瓦相同。盖和肩部装饰可整体看作重檐歇山顶。腹部无纹饰，有“食库”字样。腹下饰一周泥带纹。釉未至底，露有陶胎。此粮仓高低错落，又具通风防潮的作用，是古人智慧的缩影。

158. 青瓷一组

隋代
罐高 26 厘米　直径 17.1 厘米
碗高 4.5 厘米　直径 9.5 厘米

陶胎。两器物釉水较厚，近底部釉滴如泪痕，开片漂亮。釉不及底。

159. 青瓷龟形虎子

隋代
高 18.7 厘米　长 30.5 厘米

陶胎。器身呈扁圆形，短流，顶上有柄。整器呈龟形，流口置嘴，圆眼。下部前后有腿和尾，造型极为生动。通体施青釉，开片清晰而秀丽，是河北青瓷的代表作。

160. 白陶碓

唐代
高 5.5 厘米 长 20.5 厘米 宽 4.2 厘米

泥质白陶。又称“践碓”，由上下两部分组成。底为前宽后窄的长方形置臼体，前端置一圆臼，中部有两个长方形凸起，内侧有凹槽，前部较平，后部中间有凹槽。上部为前圆后方的杠杆，前端为凸出的圆形杆，杠杆中部两侧有榫，置于中部长方形凸起的内侧凹槽内，榫以后的杠杆置于底后部的凹槽内。踩踏杠杆末端可将谷物去秕、脱壳、磨粉。为模型器。

161. 白陶灶

唐代
高 8 厘米 长 12.5 厘米 宽 14 厘米

泥质白陶。有灶台和风箱，灶台略呈方形，上有圆形火眼，后有圆形矮烟筒，前有拱形灶门，右侧置一风箱，灶台上有炊具等物。总体而言，唐代河北陶灶与汉代的相比，显得粗糙一些。

162. 白陶沥酒器

唐代
高 40 厘米 腹颈 16 厘米

泥质白陶。由盖和器身两部分组成。盖呈喇叭形，上有圆形提手，呈小杯状，提手与盖顶之间饰一道凸弦纹。器身小口，弧腹，底大，有沿无纹饰，底部开小口，口部有流。底部三个弧形支架。此物为真实沥酒器之缩小物。腹中置五谷和酒糟，下部架火，酒酿成后由流口淌出。

163. 彩绘白陶文吏俑

唐代
高 29.5 厘米

泥质白陶。头戴黑色幞头，浓眉重须。着窄袖红色过膝长袍，袍襟系于腰间。下着裤，足蹬黑色长靴。右前臂抬起，手握成拳状，放于胸前，拳中空，所持之物已失。左前臂稍向前弯曲，置于腹部，手执如意状物。

164. 彩绘白陶文吏俑

唐代
高 40 厘米

泥质白陶。头戴黑色幞头，以黑彩绘眉、须，面容丰满。着交领右衽宽袖黑边红彩长衣，右前臂抬起，手呈握拳状置于胸前；左臂稍向内曲，手心朝上，四指弯曲持笏板置于腹下部。下着宽口裤，履尖微露，立于托板上。

165. 彩绘白陶文吏俑

唐代
高 31 厘米

泥质白陶。头戴黑色顶冠，面容祥和。内着圆领长衫，长衫曳地，履尖微露。外着广袖过膝长袍，腰束带。双手捧笏，文官形象。颈处断裂，已修复。

166. 彩绘白陶文吏俑

唐代
高 85 厘米

泥质白陶。戴黑色尖顶小冠，眉目清晰，阔鼻，朱唇，颔下留须。着红色衣衫，腰系黑带，履尖微露。右前臂抬起，手呈握拳状，放于胸前，拳中间有孔，所持之物已失。左臂下垂，持有一物。

167. 白陶虎头盔武士俑

唐代
高 68.7 厘米

泥质白陶。头戴虎头盔，双目炯炯有神，浓眉朱唇。着铠甲和护颈披膊甲，铠甲已无护心。下着长裤，左手置腰部，右手平端握拳，拳中空，所持物已失不存。

168. 白陶武士俑

唐代
高 55 厘米

泥质白陶。头戴盔，外穿铠甲，内穿窄袖衣，腰扎带，足蹬长靴，造型十分漂亮。左手插腰，右手握成拳状，放于胸前，拳中空，所持之物不存。

169. 彩绘白陶武士俑

唐代
高 70 厘米

泥质白陶。戴虎头盔，浓眉圆眼，有须。内着窄袖长袍，外着铠甲，有披肩，腰系带，足履微露。衣褶线条流畅鲜活，主要以黑彩绘衣质。右手叉腰，左手平举置于胸前呈握拳持物状，拳中空，所持之物不存。俨然一幅唐将军戎装像。

170. 彩绘白陶女俑

唐代
高 28.9 厘米

泥质白陶。高圆髻，朱唇微启，笑靥可鉴，面容富贵。上着宽袖白衣，下穿红色褶裙，左履前端微露，似行走之状。雍容贵妇之形象。

171. 彩绘白陶舞女俑

唐代
高 21.5 厘米

泥质白陶。高髻，面容和善可亲。上着窄袖薄衫，下穿白色褶裙，腰上部束有腰带。身体略右倾，履尖微露。双手隐于长袖之中，前后舞动。纤纤舞女，动人心怀。此件身上有残彩。

172. 彩绘白陶舞乐俑（一组）

唐代
高 14 厘米至 17 厘米

泥质白陶。一组六件，其中四件持乐器，两件高圆髻，两件双髻，着赭色长裙，呈跪姿状。两件舞者，一为高圆髻，一为双髻，面容可爱，着白色或赭色褶裙，露肩覆纱。乐者神情专注，舞者曼妙投入，好一幅盛唐乐舞图！

173. 白陶睡俑

唐代
高 4.5 厘米 长 14 厘米 宽 8.4 厘米

泥质白陶。戴小帽，身着圆领上衣。下着裤，腰系带，足着履。两臂弯曲向上相交，头伏于双臂之上，不见脸像。左腿盘曲于臀下，右腿弯曲，呈坐姿酣睡状。邢窑白陶中此型较多，含义尚不清楚。

174. 白陶侏儒俑

唐代
高 11.2 厘米

泥质白陶。头戴幞头，表情沉着。身穿窄袖衣衫，腰系带，足履微露。两前臂弯曲，双手在袖中，置于胸前。腿极短，仅此一条就将侏儒形象表现了出来。

175. 彩绘白陶胡人俑

唐代
高 25.6 厘米

泥质白陶。戴黑色幞头，双目紧闭，嘴微张，似念念有词。高鼻梁、高颧骨，额部皱纹刻画细腻。上着红色圆领、偏对襟短衣，下着红色裙，足蹬黑色短靴。臂抬起，双手持物，相交置于胸前。此俑制作精细，系胡人形象，将胡人老汉祈祷时的虔诚之态表现无遗。

176. 彩绘白陶胡人俑

唐代
高 26.8 厘米

泥质白陶。戴黑色幞头，眉目较清晰。内着红色窄袖衣，外罩红色半袖翻领长袍，长袍皮质感很强，里面白色部分是羊毛，外面是布料。双臂抬起，两手相交置于胸前，两手相交处有一圆孔，所持之物不存。足蹬靴，立于托板之上。

177. 白陶胡人俑

唐代
高 29.1 厘米

泥质白陶。头戴幞头，面色严肃，胡人形象。着窄袖衣，前部系起，穿高腰靴，左手持如意，右手举起，极富神韵。

178. 白陶胡人孩儿背包俑

唐代
高 22.4 厘米

泥质白陶。头发中分，向后盘结，高鼻梁，胡人孩儿形象。着窄袖衣衫，腰间宽带系起，带端下垂。左手下垂，右手上曲，呈背包状。下着裤，足穿靴，右腿后面略残，立于托板之上。

179. 彩绘“大马一匹”款白陶马

唐代
高 53 厘米 长 45 厘米

泥质白陶。马昂首直立，前腿直，后腿弯曲，长尾上卷，用带束牢。勒鞍、鞯、障泥、鞦带、马蹬俱全，鞍上红彩依稀可见。右臀部竖刻“大马一匹”四字。腿断后粘接，此类马均出自邢窑。

180.“官”字款白陶骆驼

唐代

高 39 厘米 长 35.9 厘米

泥质白陶。骆驼曲颈上扬，昂首，背驮包，似呈奔跑状。左前腿根部刻“官”字款。邢窑白陶以人物、动物见长，但有“官”字款的却鲜见，可见白陶制品非普通人可用。笔者所看过的唐邢窑白陶之物，多有定制，零散出土的较少见。一般为：马二匹（级别越高则马越高大，极品有贴金描彩，骆驼亦如此）、立驼或卧驼一、乐舞俑一组、牛拉车一、墓龙一、仪鱼一、镇墓兽一组、将军俑一、人面鸟尾公（婆）一、其他俑（包括文吏俑、武士俑、胡人俑、睡俑等）若干。

181. 彩绘白陶牛车

唐代

高 9 厘米 长 45 厘米 牛长 18 厘米

泥质白陶。牛低头呈吃力状，头部以墨彩绘勒饰。厢、轮俱全。厢前彩绘窗棂，后有门，两侧及门旁空处用花纹装饰。辕已失。

182. 白陶人面鱼身俑

唐代

高 8.5 厘米 长 18 厘米 宽 6.5 厘米

泥质白陶。人低头俯视，头发长飘于鱼脊背，以模印出鱼鳞等。形象生动，富于想象。此俑又称“仪鱼”，兴起于唐代，与后述“墓龙”成对放入墓中，其意与多子孙、“吉庆有余”有关。

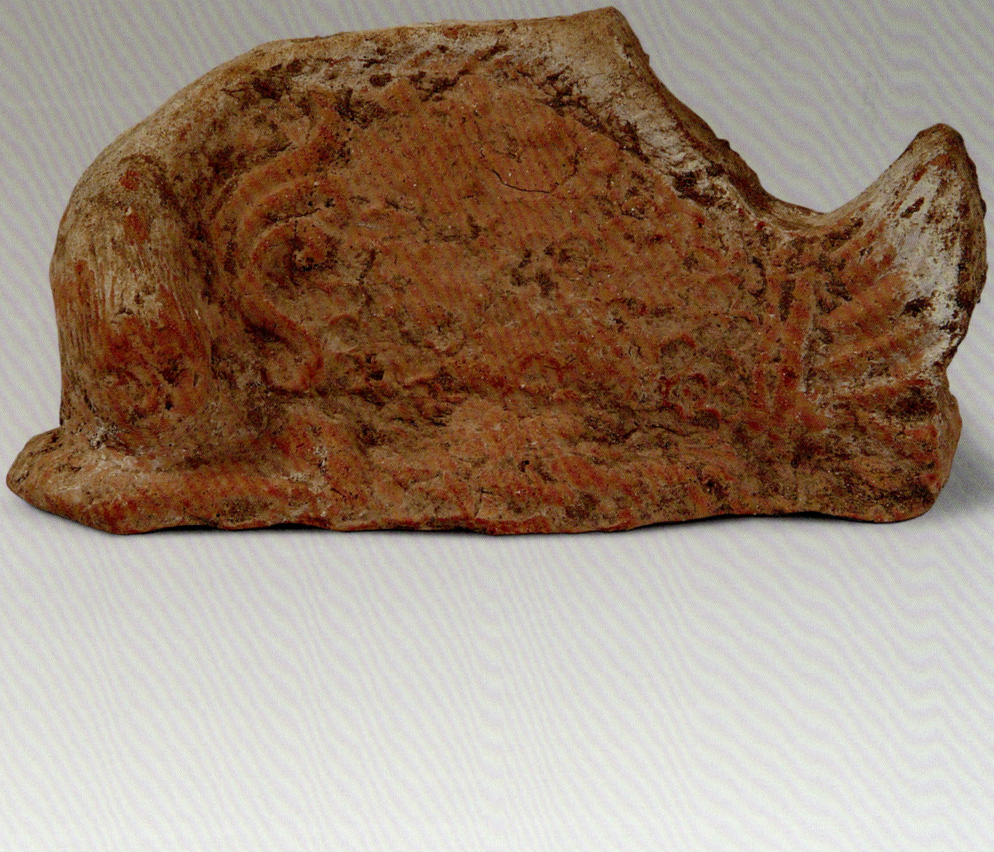

183. 白陶人面鱼身俑（仪鱼）

唐代

高 9 厘米 长 22 厘米 宽 5.8 厘米

泥质白陶。人首、鱼身伏于长方形托板上。人首面部丰腴，呈弯眉、睁目、宽鼻、张口状。鱼身上刻印出花、水纹和鳞片，生动而有趣。

184. 白陶婆首身鸟尾俑

唐代
高 15.5 厘米

泥质白陶。老妇人相貌，高发髻，嘴尖似鸟喙。着宽袖长衣，人身鸟尾。双手合拢跪于圆形托板上，似礼拜状。颈及左臂处断裂，已修复。此型系唐代所创造，富于想象力。

185. 白陶双人面蛇身俑（墓龙）

唐代
高 18.8 厘米 长 20.5 厘米

泥质白陶。此器与隋代造型不同：两蛇身相互缠绕向上，呈椭圆形；两尾缠绕，盘曲于下部；两蛇头居于左右两侧，成人面形。头带平巾帻，眼珠始见凹进，明显吸取了西方雕塑的手法。邢窑白陶在遇水之处多有铁锈般包浆，应是陶质中含铁量较高，遇水后透出结垢而成。此亦鉴定邢窑白陶的要点之一。图中蛇身上较白处是清理所致，未变色处是原状。

186. 彩绘白陶人面镇墓兽

唐代
高 25.5 厘米 厚 15.5 厘米 宽 10.5 厘米

泥质白陶。人首兽身。宽眉，眼珠突出，胡须别致，发髻扎起，相当整齐。胸峰前凸，身两侧饰有羽翅。背上有脊，脊上竖起三撮鬃毛。前腿直立，后腿蹲踞于托板之上。眼珠、须眉上用黑彩描绘，身上白彩依稀可见。此型源于北朝，又比北朝之物内容丰富。

187. 彩绘白陶凤首镇墓兽

唐代

高 18.7 厘米 厚 15 厘米 宽 12.3 厘米

泥质白陶。凤首，眼珠奇大，红色尖喙。背部有脊，脊上竖起三撮鬃毛。身两侧有翅，翅上刻羽毛。前腿直立，后腿蹲踞于环形托板之上。下颌及腹部用黑彩绘羽毛。此型系唐代白陶镇墓兽中的又一精彩之作，形象可爱，令人回味。

188. 彩绘白陶镇墓兽

唐代

高 38 厘米 厚 9 厘米 宽 16.5 厘米

泥质白陶。狮首，前两侧鬃毛竖起，两角直立，有歧角，额中有圆形物凸起。“臣”字眼，宽鼻、阔口，口呈吼状。胸峰前凸，身两侧有翅，四肢粗壮有力，呈蹲踞状。用红彩绘鬃毛。

189. 彩绘白陶镇墓兽

唐代

高 9.1 厘米 长 19.5 厘米

泥质白陶。猛兽伏于地上，双眼圆睁，张口呲牙，耳贴背。前足伏，后腿蹬，似准备跃起。眼、鬃等处有墨彩。唐代邢窑镇墓兽，有了许多形态各异的新品种，给人耳目一新之感。

190. 彩绘白陶龙首镇墓兽

唐代
高 19.8 厘米 厚 13.9 厘米 宽 9.4 厘米

泥质白陶。龙头抬起，怒目圆睁。兽身，有翅，呈蹲状。以黑红彩饰鬃毛。其威猛之状，千年之后仍令人生畏。

2012 年初夏，著者在保定胡进先生处见到同型之物。胡先生称其为龙首镇墓兽和凤首镇墓兽（见前述），龙凤呈祥，自有寓意。我认为他之说有理，故用此名。

191. 白陶镇墓兽

唐代
高 12 厘米 长 19.4 厘米 宽 10.9 厘米

泥质白陶。兽俯身贴于地，咧嘴呲牙，双目注视前方，眉毛的塑造甚是复杂。唐兽除继承前朝蹲踞式外，爬兽是其新创之品，此兽即其代表作。

192. 白陶卧驼

唐代
高 19 厘米 长 31 厘米 宽 14 厘米

泥质白陶。驼举颈、昂头、头向前伸，凸目、张口、露舌，五官刻画很传神。前腿和后退弯曲跪地，呈伏卧状。背上饰有长方圆角形垫，双峰间有鞍架，上负类似绢绸之物。

193. 彩绘白陶铺首

唐代
高 7 厘米 长 27 厘米 宽 25.9 厘米

泥质白陶。兽面，两角侧立，鬃毛立起，涂金的双目凸起，鼻孔大张，咧嘴呲牙，有须。鬃毛、口、鼻、须等均用红彩，眼珠用黑彩。此物系墓门铺首，眼边铁钉（已绣）用于钉到门上，口两边的孔估计是环，已锈腐。构思巧妙，形象令人不寒而栗。

194. 彩绘白陶刻花鹰型兽

唐代
高 34.7 厘米

泥质白陶。似冠尖形顶，双耳竖起，卷眉尖喙，圆眼黑睛，人须刻出后用黑彩绘制。双翅合起，翅上刻有规律的圆点纹饰。胸峰前凸，上刻羽纹，翅和胸峰染红彩。前腿直立，后腿蹲踞于圆形托板之上，均饰白彩底黑彩。此件甚是有趣，鹰型却有四爪。造型准确，生动有力，是唐代雕塑品中的上乘之作，也是唐代独创的镇墓兽中的难得之物。此物所表现的是否为佛教中大鹏金翅鸟形象尚待考证。

195. 彩绘白陶兽首鸟身俑

唐代
高 19.5 厘米 长 18 厘米 宽 10 厘米

泥质白陶。兽首，鸟身。兽嘴大张，呈吼状，双眼颇大，顶有独角。鸟双翅贴身，尾毛翘起，以红彩在鸟前胸绘羽毛。邢窑白陶，彩绘简捷，一般用黑、红两色，档次更高的使用贴金。

196. 彩绘红陶镇墓兽

唐代
高 38 厘米 厚 9 厘米 宽 16.5 厘米

泥质红陶。方形脸盘，双角高立，两耳竖起，凸眼，方鼻，嘴咧开，脸部用红黑彩描绘。身体蹲踞，背上有高耸的三撮鬃毛，身上用黑红彩髹绘。左肢张爪下按，右肢张爪高高举起，狰狞之态毕现。

197. 邢窑三彩托盘执壶

唐代
高 15.3 厘米 腹颈 7.5 厘米

白胎。由壶和葵口盏托两部分组成。执壶上有盖，顶有执钮，钮上施赭红釉，其下绿彩和赭红釉。壶身通施较浅的绿釉，肩部三道弦纹装饰，柄施赭红釉。壶底呈高圈足。壶底置于葵口托盘内，托盘通体施绿釉，色较深。壶嘴已失。

198. 邢窑三彩执壶

唐代
高 9.8 厘米 腹颈 11.4 厘米

白胎。敞口，短颈，圆唇，有柄有流，矮圈足。足上部满釉，以绿、赭、白釉装饰。

199. 邢窑三彩盘

唐代

高 2 厘米 直径 11.6 厘米

白胎。敞口，圆沿，弧腹，平底。盘中央绘花卉，花蕊施蓝、白釉，绿釉叶上有刻花，以赭红釉整体晕染。白釉边，底部也施白釉。器物虽小，甚是可爱。

200. 邢窑三彩三足盘

唐代

高 3.3 厘米 直径 9.3 厘米

白胎。敞口，圆唇，折沿，浅腹，平底。盘面满縣绿釉，器外及底部素面，底部有三足。

邢窑三彩胎质细密，与釉的结合度较好，故所施釉一般都较薄，不似陕西洛阳唐三彩施釉较重。故邢窑三彩中的绿彩呈翠绿色，陕西洛阳三彩的绿彩呈墨绿色。

201. 邢窑三彩杯盘

唐代
高 6 厘米 直径 5.9 厘米（杯）
高 2.2 厘米 直径 11.8 厘米（盘）

白胎。杯敞口，圆唇，收腹，平底。半环形提手，矮足。杯内及外面上部用黄、绿、白釉，半环形提手上用赭红釉，底部无釉。盘侈口，弧腹，平底。中央饰花卉，绿釉花赭红釉叶，周边用白、绿、赭釉形成花饰，外面用白釉。此套杯盘，品相上佳，杯置盘中后，浑然天成。

202. 邢窑三彩四系瓶

唐代
高 13.6 厘米 腹颈 10 厘米

白胎。敞口，平沿，细颈，广肩，圆腹，平底，圈足。肩部和腹中部各饰三周弦纹。赭红釉饰颈。肩上部、腹中部四系及圈足饰赭红釉。肩下半部、腹上半部和腹下部饰绿釉。腹中部赭红彩釉自然流淌，浸至腹下绿釉。整器完整，器型具有异域风格。上部赭红釉毫无流淌之形，中部赭红釉则自由流淌，显示出唐代高超的工艺水平。

203. 邢窑三彩小瓶

唐代
高 6.8 厘米 腹颈 3.8 厘米

白胎。敞口，高颈，广肩，弧腹，平底，矮圈足。通体施赭红釉，矮足无釉。这是笔者所见到的邢窑三彩器物中最小的一件。物小却不失精彩，小巧玲珑，惹人喜爱。

204. 邢窑三彩葵口盏

唐代
高 4.5 厘米 直径 11.1 厘米

白胎。内腹铲挖出八瓣葵口凹槽，内用黄、绿、赭红釉晕染。外部用印花工艺，印出花和果实。印工清晰，系用头模印制，精彩异常。此盏无论材质、染彩、器型、做工均无可挑剔，令人爱不释手。

205. 邢窑三彩印花盏

唐代
高 3.4 厘米 口径 10 厘米

白胎。敞口，圆唇，弧腹，圆饼状实足。内外施满釉，器外饰三层菱形纹，菱形纹饰有印花。底部印有柿蒂纹和花卉纹，均饰黄、绿、白三釉。

206. 邢窑三彩茶炉

唐代
高 11.1 厘米 腹颈 12.5 厘米

白胎。上置赭红釉双系釜，下面是茶炉，炉有置炭的风门和条状的风口。兽形口在侧部施赭红釉，炉身施绿釉。炉腹部有指甲掐印的花形，下部是三个不施釉的兽足，露出瓷胎。此器釉色分明，器形大方周正，为研究唐代茶炉提供了实物模型。

207. 邢窑贴花三彩炉

唐代

高 13.6 厘米 腹颈 16 厘米

白胎。敞口，卷沿，短颈，鼓腹，平底，三兽足。口沿点绿釉，颈饰赭红釉，腹部间或用绿釉。肩部贴花，花及三足均用绿、赭红釉混合饰之。身上有脱彩之处。

208. 邢窑三彩尊

唐代
高 15.1 厘米 腹颈 20 厘米

白胎。敞口，短颈，直腹，平底，三矮足。口、颈部以蓝、白、绿、赭色釉相间装饰。肩部对称贴四片叶子，饰上述四种釉。腹部有若干道弦纹，在弦纹上又加上圈纹，每层圈纹以赭、绿釉染之。下部用蓝彩弦纹衬托。三足残缺。此器用印花、贴花、刻花等多种工艺，色彩丰富，是难得之佳器。

209. 邢窑三彩水盂

唐代
高 6.3 厘米　腹颈 7.6 厘米

白胎。直口，宽沿，鼓腹，平底，有盖，盖呈圆形。盖上有钮，施白、绿、赭釉。腹部以赭釉为主，白、绿釉为辅饰之。底部无釉，见白色瓷胎。器形端庄，品相完整。

210. 邢窑三彩水盂

唐代
高 4.8 厘米　腹颈 7 厘米

白胎。敛口，短流，矮足。里边无釉，口沿到腹部用绿、白、蓝、赭等釉装饰。典雅大方，虽小犹珍。

211. 邢窑三彩胡人抚琴莲花熏台

唐代
高 17.8 厘米 直径 8.5 厘米

灰白胎。胡人头戴风帽，侧头仰视，闭目高鼻，张口，露齿，络腮胡须。右腿拱起，左腿盘于莲花座上。两手抚琴，呈弹唱状。风帽、络腮胡须施绿釉；面部、两手和莲花座施褐色釉。身着圆领绿色长袍，腰系绿带。莲花座下有凸条纹组成的莲茎，置于捏花口的钵中。莲茎上部施褐色釉，下部施绿釉，钵内外施绿釉，口部施褐色釉，釉向下自然流淌。钵置于花口平底碗内，碗置于喇叭形圆足座上，碗及圆足座均施绿釉，圈足外沿不饰釉，可见白色瓷胎。整器构思奇巧，最薄处仅一毫米，是邢窑唐三彩的代表作品。经查，为国内外之孤品。

212. 邢窑三彩熨斗

唐代

高 2 厘米 长 18 厘米 口径 6.5 厘米 底径 5.7 厘米

白胎。敞口，折沿，微上翘，圆腹，平底，一侧有长柄。通体施绿釉，底无釉。柄有断，原茬粘接。

213. 邢窑绿釉杯

唐代

高 4.7 厘米 口径 5.8 厘米

白胎。敞口，圆唇，收腹，弧壁，矮圈足，环形捉手。杯上部和柄施绿釉，器外釉不及底，无釉处露出白胎。

214. 灰陶高浮雕“鲁义姑舍子救弟”砖

五代

长 18.5 厘米 宽 22 厘米 厚 5.6 厘米

泥质灰陶。画面右下角一穿裙女子抱孩注视前方，脚下一孩儿跪地哭泣。左侧一骑马男子，穿盔甲，右手持剑，左手指向前方，马前一军卒扛枪，似正听令，另一军卒立于马旁。画面表现的是《二十四孝》中“鲁义姑舍子救弟”的故事。

215. 彩绘灰陶高浮雕“杨香扼虎救父”砖

五代

长 20 厘米 宽 21.5 厘米 厚 5.6 厘米

泥质灰陶。画面中央一女孩骑于虎身，双手扼虎头，裙摆飞起，虎身绘黄色，怒目大睁，嘴呈吼状，后腿飞蹬，尾巴翘起，极具动感。下方一男子，抽身飞奔。场面惊心动魄，富于感染力，表现的是《二十四孝》中“杨香扼虎救父”的故事。

216. 灰陶高浮雕礼拜砖

五代
长 20 厘米 宽 23 厘米 厚 2 厘米

泥质灰陶。高浮雕。瓦舍有窗棂，内端坐一人，外面一男躬身正拜，一女双手合揖，作礼拜状。内容不详。

217. 彩绘灰陶高浮雕侍女砖

五代
高 23 厘米 宽 10.5 厘米 厚 5.5 厘米

泥质灰陶。砖为长方形，其上雕刻高浮雕少女捧物站立人像。少女乌发垂肩，粗蚕眉，五官清秀，面庞丰润，有盛唐遗风。黄色披肩，着左衽宽袖长裙，系黄色宽带，双手置于胸前作捧物状。

218. 彩绘灰陶高浮雕侍女砖一组

五代
高 27 厘米 宽 12.5 厘米 厚 5.5 厘米（大）
高 23 厘米 宽 10.5 厘米 厚 5.5 厘米（小）

泥质灰陶。少女发式、服饰相近，只有一人着窄袖圆领长裙（右二），其余均着翻领左衽宽袖长裙。黄色腰带，手中或捧杯，或持物（似如意类物）。形象生动，造型准确。

219. 灰陶力士

五代
高 14.5 厘米 宽 10 厘米

泥质灰陶。高浮雕。力士面目狰狞，肌肉发达有力。因放置的关系，只塑一腿，另一腿不塑。

220. 红陶五神降龙牌

五代
高 7.8 厘米 宽 7.4 厘米

泥质红陶。模印。画面中四爪龙怒目圆睁，右前爪高高举起，诸神身穿战甲，或持斧，或操刀，或紧抱，头发竖起，让人感到空中的搏斗异常激烈。五代河北陶器不多，此为难得之精品。此件出土于正定城南某建筑工地，此工地笔者曾去过，系住宅用地，挖开的地基中瓷片很多，笔者所拾瓷片多为宋代的，所以就土层而言，笔者接触到的是宋代文化层，再往下就是五代的，由于坑太深未下去。

221. 红陶将军俑

五代

高 13.1 厘米 宽 6.5 厘米

泥质红陶。模印。塑将军模样，眉目清秀，面庞丰润，耳垂奇大。戴刻花官帽，着铠甲。双肩虎吞装饰，与唐铠甲相比，已无护心镜。右肘曲臂上举，握拳，左前臂稍向内弯曲，置于腹前，握拳，两拳中空所持之物不存。腰系箭筒，背后平整,似为贴墙之用。此物也是正定城南工地所出。

222. 红陶将军俑

五代
高 15.5 厘米 宽 7.4 厘米

泥质红陶。模印。带多角笼冠，面目凶悍。左手已残，右手提锤。着战袍，肩披荷叶巾，腰系兽头巾。双腿稍向前曲，赤足，左足有残，底部有平台。正定城南工地所出。

223. 定窑三彩塔式罐

五代
高 34.5 厘米 底径 21.5 厘米

细白胎。原由盖、罐和器座三部分构成，仅存盖和器座。盖顶为荷叶托宝珠形钮，下与覆钵相连。覆钵下为短筒形子口，可放入罐口内，使其牢固。罐已失。器座上部为杯形托，敞口，沿凸起，杯底呈向外略凸的偏珠形。器座下部略呈束腰筒形。上置花口盘，盘内倒置一玉臂底碗，碗底与杯底相连。筒形座底部有一周折沿，两侧中间有葫芦型开口二个，空膛，盖型考究，施釉也很讲究。荷叶托宝钮施以黄釉，覆钵则白、绿、黄釉兼用。杯形托施以绿釉。筒形器座上的花口盘，倒置的玉臂底碗及筒身则白、绿、黄釉兼用。施釉洒脱，十分肥厚。整器胎质细白，具有定窑胎质的特点。

224. 灰陶三羊壁画砖

宋代
高 35 厘米 宽 19 厘米 厚 5.5 厘米

泥质灰陶。墨绘三羊图，一羊抬首嘶叫，另一羊低首食草，第三只羊有角，右边前后蹄抬起，似在前行。生活气息浓郁。

225. 彩绘灰陶侍女壁画砖

宋代
高 61.5 厘米 宽 23 厘米 厚 4.5 厘米

泥质灰陶。侍女绘于两块砖上。此女头佩簪子，细眉大眼，直鼻小口，面庞丰腴。穿右衽阔袖红服，腰系飘带，双手端盘，盘中端坐人像一尊。

226. 彩绘灰陶双侍女捧物壁画砖

宋代

高 61 厘米 宽 29 厘米 厚 4.5 厘米

泥质灰陶。画双侍女捧物图，左边一侍女头扎黄花，露巾，面目丰润。着粉色窄袖衣，下穿白色裙，手端置一放有高足杯的盘子。右边一侍女头扎黄花，露巾，略瘦，着黄色窄袖衣，下穿白色裙，双手捧酒壶状物。

227. 彩绘灰陶侍女捧印壁画砖

宋代
高 61.5 厘米 宽 20 厘米 厚 4.5 厘米

泥质灰陶。墨彩绘，侍女头戴簪花，扎巾垂肩，面容丰腴。着右衽宽袖长裙，手捧主人官印，印用锦布包裹，上有结。此图暗喻墓主人生前为官宦。

228. 彩绘灰陶人物壁画砖

宋代
长 35 厘米 宽 50 厘米 厚 4.5 厘米

泥质灰陶。中间部分漫漶不清，上部有围帘，左侧一男子，头戴黑帽，表情严肃，着圆领衫。右侧墨彩绘一男一女，女扎黄巾，表情专注。

229. 彩绘灰陶三男壁画砖

宋代
长 35 厘米 宽 35 厘米 厚 4.5 厘米

泥质灰陶。上部绘条幡，中间部分失缺，上部绘一红衣男子，头戴黑帽。左侧一男子头戴黑帽，着褐色衣袍，腰扎玄带，较清秀。右侧男子头戴黑帽，着圆领玄衣，面容狰狞。左下角桌上有壶。

230. 彩绘灰陶少男壁画砖

宋代
高 22 厘米 宽 20 厘米 厚 4.5 厘米

泥质灰陶。墨彩绘一少年男子，披发盘头，着红色圆领衣，手中捧物。下部缺失。

231. 彩绘灰陶和尚壁画砖

宋代
高 31 厘米 宽 25.5 厘米 砖厚 4.5 厘米

泥质灰陶。绘一和尚打坐状，双目紧闭，朱唇，面部红润。着右衽黄色袈裟，其前有桌，桌下有盆盂。右部缺失。

232. 彩绘灰陶牵马壁画砖

宋代
长 60 厘米 宽 30 厘米 厚 4.5 厘米

泥质灰陶。左侧墨彩绘有一人（头已失），马低头抬足，一红衣人背向观者，后面尚有两人一马，可惜均失头部。

233. 彩绘灰陶妇人夹菜壁画砖

宋代
长 31 厘米 宽 30 厘米 厚 5.5 厘米

泥质灰陶。下部绘有一长方形桌，桌上有高足杯两个，盘子两个，桌下有木桶。一女子梳高髻。红带束发，面容丰腴，神情专注。着红色窄袖衣，手指修长，右手持筷夹菜，左手端碗。

234. 彩绘灰陶双男子壁画砖

宋代
长 36 厘米 宽 35 厘米 厚 5.5 厘米

泥质灰陶。墨彩绘两男子，头扎巾，留须，着红白色衣，袖口挽起。

235. 彩绘灰陶猪壁画砖

宋代
高 35 厘米 宽 20 厘米 厚 4.5 厘米

泥质灰陶。墨绘猪一头，长嘴，头顶有鬃。

236. 彩绘灰陶蛇壁画砖

宋代
长 25.5 厘米 宽 19 厘米 厚 4.5 厘米

泥质灰陶。墨绘一蛇，怒目张嘴，口吐毒气，身上褐色点染。

237. 彩绘灰陶龟行壁画砖

宋代
长 35 厘米 宽 19 厘米 厚 4.5 厘米

泥质灰陶。左侧墨绘乌龟一只，抬头张嘴，舌吐出，尾外露。前肢向前，后肢向后，作爬行状。造型十分有趣。右侧漫漶不清。

238. 彩绘灰陶龙壁画砖

宋代
长 70.5 厘米 宽 18.5 厘米 厚 4.5 厘米

泥质灰陶。绘飞龙一条，龙首有角，怒目张嘴，齿外露。周身用墨彩，只在翅处用红彩。龙胸前下方隐约可见彩云，可见此龙为飞龙。左方有“米麦库口口库”六字。

239. 井陉窑白瓷长颈瓶

宋代
高 6 厘米

白瓷胎。喇叭形，敞口，细长颈，圆肩，腹内收，平底。施白釉不及底。口残粘接。

240. 井陉窑白瓷执壶

宋代
高 6.5 厘米

白瓷胎。喇叭形，敞口，广肩，腹内收，圈足，短流，有柄。施釉不及底，底足无釉。惹人喜爱。

241. 井陉窑高足白瓷盘

宋代
高 3.5 厘米 口径 6 厘米

白瓷胎。通施白釉。浅盘，盘沿稍外卷，圆唇，喇叭形，高足，底足无釉，上部釉面有开片。

242. 井陉窑白瓷托盏

宋代
高 3.8 厘米 口径 6 厘米

白瓷胎。分二层，底部为托盘，上部为托盏，满施白釉。

243. 井陉窑白瓷托盏

宋代

高 4.7 厘米　口径 5 厘米

白瓷胎。分二层，底层为托盘，上部为葵口盏，通体内外施白釉。

244. 井陉窑白瓷碗

宋代

高 2 厘米　口径 6.5 厘米

白瓷胎。碗内施白釉，内置筷、勺等。

245. 井陉窑白瓷粉盒

宋代
高 3.6 厘米 口径 5.7 厘米

白瓷胎。底部有足无釉，内外通施白釉，口沿无釉，盖已失。

246. 定窑酱釉瓷碗

宋代
高 6.5 厘米 口径 10.5 厘米

白瓷胎。“芒口”，内外通施酱釉。有盖，盖上亦施酱釉。品相完好。

247. 定窑酱釉瓷碗残片

宋代
高 8.5 厘米

白瓷胎，内外均施酱釉，内施满釉，器外施釉不及底。

248. 定窑黑釉瓷碗残片

宋代
高 7.2 厘米 宽 8.5 厘米

白瓷胎。内外均施黑釉，内施满釉，器外施釉不及底，釉面似黑漆。

249. 定窑印花犀牛望月白瓷残片

宋代

直径 11 厘米

瓷胎润白。印花，一牛卧于地上，抬首望天，头前有花。周边水波汹涌，天上有少许云朵，皓月当空。20 世纪 90 年代，笔者在保定办企业，颇喜定窑，与刘德彪教授等去曲阳多次，涧磁村周边百姓手中定窑瓷片甚多，乐于馈赠，故笔者收藏甚多。

250. 定窑孩儿枕白瓷残片

宋代

高 7 厘米 宽 8.5 厘米

白瓷胎。塑一孩儿形象，十分可爱，此物为瓷枕残片。

251. 定窑印花龙纹白瓷残片

宋代
高 9 厘米

白瓷胎。印花龙纹，生动别致，下有花卉。

252. 定窑“官”字款白瓷碗残片

宋代
圆足底径 6.7 厘米

白瓷胎。底部露胎，圈足心阴刻“官”字款。胎白细腻，质地坚硬。定窑官窑瓷质一般均为上佳，可用“白如雪”誉之。

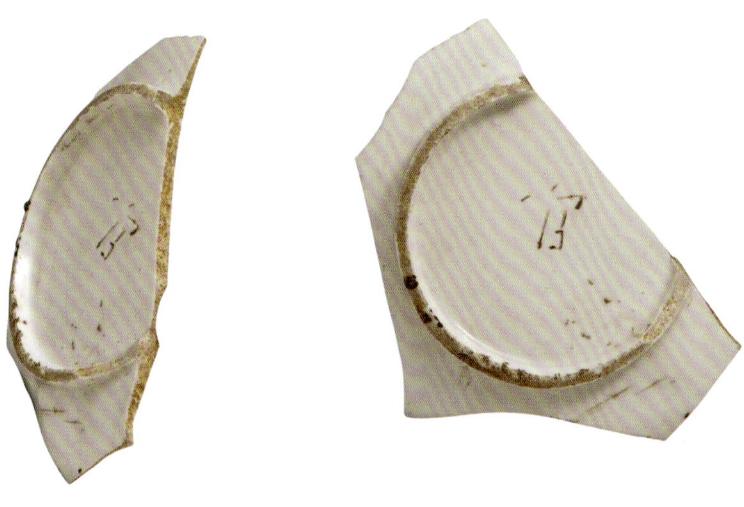

253. 定窑狮头白瓷残片

宋代
高 11.5 厘米

白瓷胎。印花和刻花工艺相结合，施白釉。狮子张目呲牙，有鬃毛。刻画细致，十分难得。

254. 定窑绿釉凤头勺柄残片

宋代
高 7 厘米

白瓷胎。凤首、长颈，似为勺柄，通体施绿釉。绿釉定瓷极为珍贵，此凤头“绿定”从釉到工均属上乘。

255. 定窑绿釉瓷残片

宋代
高 6.5 厘米

白瓷胎。内外均施绿釉。

256. 彩绘灰陶裸男壁画砖

金
高 33 厘米 宽 15 厘米 厚 4.5 厘米

泥质灰陶。用墨线勾勒出一男子形象，赤身裸体，罩于云雾中，似为表现梦境或转世的过程。

257. 彩绘灰陶男人礼拜壁画砖

金
长 31 厘米 宽 22 厘米 厚 5.5 厘米

泥质灰陶。绘一白衣男子，戴玄色帽，细眼朱唇，双手合拢于胸前，似在礼拜。

258. 彩绘灰陶窗棂壁画砖（一组）

金
长 62 厘米 高 52 厘米 厚 5.5 厘米

泥质灰陶。整体组合构成窗棂型，上部分墨彩绘框，一部分用柿纹，柿菓与柿蒂红白彩交替互换；另一部分则用黑白彩饰米字纹饰，中空部分用红彩填充。下部分褐彩绘边，黑色菱纹，角交处填白彩，菱纹中间填红彩。

259. 彩绘灰陶熨斗壁画砖

金
长 34 厘米 宽 15 厘米 厚 5.5 厘米

泥质灰陶。用凹线刻出熨斗形状，熨斗头部凹进，长尖柄，涂以墨彩。

260. 彩绘灰陶剪刀壁画砖

金
长 34 厘米 宽 16 厘米 厚 5.5 厘米

泥质灰陶。用凹线刻出剪刀形状。柄呈覆压式剪刀，涂以墨彩。

261. 彩绘灰陶缠枝花卉壁画砖

金

长 36 厘米 宽 23 厘米 厚 5.5 厘米

泥质灰陶。以墨绘缠枝花颈、叶、蕊之边，再用白、红彩填补花瓣，色泽艳丽。

262. 定窑酱釉划花大碗

金

高 5.5 厘米 口径 15.7 厘米

白瓷胎。"芒口"。碗内刻荷花，花朵绽放。底部双鱼游动，生机盎然。器外部一部分似玉，另一部分似被火烧过，底足缺一块。

263. 定窑仿建窑黑瓷油滴碗

金
高 5.7 厘米 口径 15 厘米

白瓷胎。碗内通体施黑釉，仿建窑油滴碗制成。类似油滴的釉一条条落入碗底，形成一个鹰形图案，大美。器外施釉不及底。此碗多年前由曲阳出土。

264. 定窑仿钧窑盘

金
高 2.5 厘米 口径 14.5 厘米

白瓷胎。敞口，折沿，圆唇，平底。施天蓝色釉，釉面较厚。胎质细腻，中间有红斑渗出。多年前出土于定州工地。

图版索引

INDEX

跋

经过近两年的艰苦劳动，在本书即将付梓之时，回顾二十余年的收藏生涯，真的是既艰辛又充满了乐趣。个中滋味，非藏家难以言表。

我与古陶瓷结缘，始于 20 世纪 90 年代中期。有一次我与河北大学刘德彪教授在古玩商处见到一件品相完整的隋代红陶武士佣，雕塑精美，雄姿英武，该古玩商说有个外国人准备买下。他的话刺激了我，先祖如此精美之物岂容流落他乡？我遂出高价捧回。

90 年代我尚在保定办企业。在保定悠久灿烂的文化背景下，涌现出许多收藏家，他们大多内敛深沉，犹如潜龙在渊，水面波澜不惊。我购买隋代武士佣的举动，仿佛一块石子入水，扰动了水面的宁静。保定的不少藏家纷纷前来观赏。来者当中就有瓦当收藏大家吴庆军先生，古陶收藏家胡进先生。从此我们成为莫逆之交，同赴市场，远访山野，品物论道，乐此不疲。几年光景，我眼界大开，古陶瓷鉴赏方面的学识亦与日俱增。可以说，古城保定的学术之风对我影响甚重，刘德彪、吴庆军和胡进等几位先生是我步入收藏人生的启蒙先生。

2004 年，我即将跨入不惑之年。在一处人迹罕至的大山深处，凭水临风，苦思数日后，我悟出人生的四个阶段：求学、创业、自由、顺天。创业阶段人并不清楚能干什么和喜欢干什么，也不清楚能干成多大的事。但我知道，想要进入人生的第三阶段，必须储备足够的人生经验和财富。自由阶段则是做喜欢做的事，见喜欢见的人，功名利禄，全与己无关。顺天阶段即顺应天命，干完自己应完成的人生使命，十分能力尽七分，其余三分留子孙，云游四方，颐养天年。在想清楚人生之轨迹后，我决意进入人生第三阶段，即放弃灯红酒绿的企业家生活，今后似闲云野鹤般伴随我钟爱的古陶瓷。

是年，我回到了省城，石家庄的藏界故友无多，燕居此地，知音难觅，便遍购市面可见之前贤古陶瓷之书籍，潜心苦读；又云游国内外各大博物馆，静品古人妙迹，摩娑钟鼎，亲见战汉，心愈静则眼愈明，学识渐成。

后幸结识古印玺收藏家、古文字学家程训义教授，先生是省城藏界的前辈，为人正直和善，学养深厚。以后数年，我便与程先生一道，足迹遍及河北南部，在元氏农庄的墙头、赞皇砖场的工地、临城故城的田野、邺都漳河的沙滩，我们收集到了许多不被人重视的古陶瓷珍品。山野寻访，车不得行，徒步进山，风餐野宿，踏遍燕赵青山绿水，只为寻访到心仪之物。

我们这一代收藏家是幸运的，赶上了旷古未有的建设时代。一批批古物流到了古玩市场，经过精挑细选，我的古陶瓷收藏渐成体系。

为珍藏的古陶安一个家，是我近十年的梦想。2009 年 11 月 8 日，“大晟堂古陶博物馆”在风景如画的花卉园落成。我在《建馆心语》中透露心声：“经过半年多紧张的工作，精选的藏品终于安落其家。……悠悠千年，她们从地下复回诞生的地方，我仿佛看到了时光隧道的光辉以及她们带来的历史故事。那醉人的笑靥、绚丽多姿的衣饰、精细入微的器具、灵动神似的动物，在我心中是鲜活的，总能激起阵阵涟漪。先祖赋予的某种基因在一瞬间仿佛被激活，心血在沸腾，思想在汉唐间任意驰骋，生命像是在无限延伸。”在建馆即将满三周年的时候，回想起建馆前的艰辛过程，回想起十四箱、几百块碎陶片，用十几天时间寻找和修复成器的过程，我颇感知足，因为已经有几万人光临过我的小馆，可谓高朋满座，品茗论道，不知身居人间，人生之乐，有逾此乎？

去岁春节，好友张涛先生（即著名播音员方舟）来访，期间他鼓励我将馆藏精品整理出书，此想法亦得到我夫人和义妹段翔鸿的支持。动笔时方知写书何其难哉！一者我不善用电脑写作，需用手一字字写出草稿（后来想到可留与孩子，以后他可知其父之不易）；再者，所有藏品需认真审视，重新审视中发现的古人之妙迹不断冲撞着我的心灵。从春到冬，丈量尺寸，仔细斟酌又小心翼翼，恐写出后因描述不清对不住我的读者。历蚊叮虫咬，汗流浃背之苦，三校书稿，遂成《大晟堂藏河北古陶瓷精品集》。

书中照片，由好友王海军、张院生、俞江三位先生拍照，沈薇女士对照片进行了整理，我馆中工作人员赵纯、姚禄卿也做了许多工作，对他们深表感谢。

张朋川、石永士两位老前辈不顾年事已高，对书稿提出了许多改进的建议并欣然作序。他们学识之渊博、治学之严谨，令晚学受益匪浅，谨致谢忱。

故宫博物院的王亚民副院长是我的知音和良师益友，在看到本书稿后即欣然决定予以出版。故宫出版社的王志伟先生为本书精心编辑，在此一并感谢。

河北古代陶瓷是我们民族珍贵的文化遗产，先祖们在一件件艺术品中注入了情思和智慧，我的使命便是将这些丰富的内涵挖掘和整理出来，述之以文，光大于世，聊以表达我对我的祖国和我们民族的热爱之情。

李小晟

时在壬辰年仲秋于大晟堂

图书在版编目 (CIP) 数据

大晟堂藏河北古陶瓷精品集 / 李小晟著 . — 北京 : 故宫出版社 , 2013.7

ISBN 978-7-5134-0424-2

Ⅰ . ① 大… Ⅱ . ① 李… Ⅲ . ① 古代陶瓷—河北省—图集 Ⅳ . ① K876.32

中国版本图书馆 CIP 数据核字 (2013) 第 136658 号

大晟堂藏河北古陶瓷精品集

著　　者：李小晟

责任编辑：冯印淙　王志伟

英文翻译：周　怡

摄　　影：王海军　张院生　俞　江

装帧设计：王　梓　贾玉英

出版发行：故宫出版社

地址：北京市东城区景山前街4号　邮编：100009
电话：010-85007808　010-85007816　传真：010-65129479
网址：www.culturefc.cn
邮箱：ggcb@culturefc.cn

制版印刷：北京方嘉彩色印刷有限责任公司

开　　本：787毫米×1092毫米　1/16

印　　张：23.25

版　　次：2013年7月第1版

2013年7月第1次印刷

书　　号：ISBN　978-7-5134-0424-2

定　　价：260.00元